Ferdinand Lassalle

Rede Lassalle's zu Frankfurt am Main am 17. und 19. Mai 1863

Nach dem stenographischen Bericht

Ferdinand Lassalle

Rede Lassalle's zu Frankfurt am Main am 17. und 19. Mai 1863
Nach dem stenographischen Bericht

ISBN/EAN: 9783743455825

Hergestellt in Europa, USA, Kanada, Australien, Japan

Cover: Foto ©ninafisch / pixelio.de

Manufactured and distributed by brebook publishing software
(www.brebook.com)

Ferdinand Lassalle

Rede Lassalle's zu Frankfurt am Main am 17. und 19. Mai 1863

Arbeiterlesebuch.

Rede Lassalle's
zu Frankfurt am Main

am 17. und 19. Mai 1863,

nach dem stenographischen Bericht.

Der Ertrag ist für die Kasse des „Allgemeinen Deutschen Arbeiter-
vereins" zu Leipzig bestimmt.

Frankfurt am Main.

In Commission bei Reinhold Baist.

1863.

Meine Herren!*)

Ihr Comité hat mich eingeladen, vor Ihnen zu erscheinen und ich habe, wie Sie sehen, dieser Aufforderung entsprochen. Denn ich hoffte, daß man mit dieser Einladung nicht blos eine leere Formalität erfüllen wolle; ich glaubte, daß man nicht schon im Voraus entschlossen sein werde, gegen mich zu entscheiden, und ich glaubte jedenfalls, daß man nicht soweit gehen würde, diese Entscheidung gegen mich im Voraus zu organisiren! Es thut mir leid, meine Herren, sagen zu müssen, daß diese meine Hoffnung sich nicht erfüllt hat: ich sehe mich in ihr getäuscht. Ich frage Sie, ist es ehrliches Spiel, wenn man von diesem Saal ausgeschlossen hat die große Masse der Arbeiter und nur Mitgliedern der Arbeiterbildungs= vereine Eintritt und das Recht der Abstimmung gegeben? Welches ist denn das Interesse, das sich sowohl für mich als für das Land an den heutigen Tag knüpft? Zu erfahren, wie die große Masse des Arbeiterstandes über diese Frage denkt. Und siehe da! diese Masse ist ausgeschlossen, und eine neue Aristokratie, die man plötzlich im Arbeiterstande zur Geltung bringt, die ausgesuchte Kategorie der Ar= beiterbildungsvereinler allein ist zugelassen! Sie wissen, Frankfurt hat viele Tausende von Arbeitern; der Arbeiterbildungsverein von Frankfurt hat nur circa 300 Mitglieder. Dasselbe Zahlenverhältniß findet auch in allen anderen Städten statt. Man hat also blos einer kleinen Anzahl das Recht gegeben, man hat eine aristokratische aus=

---

*) Der Redner wird bei seinem Auftreten mit lebhaftem Applaus, aber auch mit Zischen empfangen.

schließende Bestimmung getroffen! Ferner: es ist doch bekannt, meine Herren, daß man, nicht überall freilich, nicht in Frankfurt, auch nicht in Mainz, aber in den meisten Orten des Maingaues die Arbeiterbildungsvereine bereits gegen mich hat abstimmen lassen; freilich ohne daß sie meine Broschüre gelesen hatten! Was bedeutet es also, wenn man heute das Recht der Abstimmung auf Die be= schränkt, die in ihrer großen Majorität bereits votirt haben? Ist das, frage ich nochmals, ehrliches Spiel, oder ist es ein Spiel mit im Voraus gemischten Karten?

Sie sehen, meine Herren, ich wäre sehr berechtigt gewesen, un= ter diesen Umständen die Discussion abzulehnen und den Saal zu verlassen; aber ich bin entschlossen, die Schlacht anzunehmen, wo und wie man sie mir bietet! (Bravo!) Meine Herren! Mein Zutrauen zu der Macht der Wahrheit ist so groß, daß es mich nicht wundern würde, und wären Sie hierher gekommen, einstimmig entschlossen, gegen mich zu entscheiden, daß es mich nicht wundern würde, sage ich, wenn Sie ebenso einstimmig für mich votirend den Saal ver= ließen.

Ich habe wenig Bemerkungen meinem Vortrage voraus zu sen= den. Ich werde, worauf Sie der Herr Präsident bereits aufmerk= sam gemacht hat, lange sprechen. Meine Gegner haben Jahre lang ihre Theorieen vor Ihnen entwickelt; ich habe nur eine einzige Rede dazu, und ich werde somit immer noch im unendlichen Nachtheil sein in Bezug auf die Zeit. Aber wie lange ich auch spreche, bedenken Sie Eines. Hier steht nicht ein Mann, der Recht behalten will, sondern ein Mann, der Ihre Sache vor Ihnen selbst vertheidigt.

Eben deshalb bedenken Sie auch, daß mein Vortrag nicht den Zweck hat noch haben kann, Sie zu amüsiren. Ich bin nicht gekom= men, um Sie durch oratorische Kunststücke hinzureißen.

Mit Recht hebt Herr Dr. Büchner in seinem Bericht hervor, daß wir mit dieser Bewegung aus der Schönrednerei und dem Phrasen= nebel endlich einmal herausgetreten sind. Ich werde zu Ihrem Verstande sprechen; ich werde wissenschaftliche Thatsachen vor Ihnen aufrollen müssen und bitte daher, auch da, und gerade da, Ihre gespannteste Aufmerksamkeit meiner Rede zu schenken, wo diese trocken sein und in der Aufrollung von Citaten, Zahlen und Thatsachen bestehen wird. Endlich, meine Herren, ich bin nicht gekommen, um Ihnen nach dem Munde zu reden, sondern um als ein freier Mann Ihnen die ganze Wahrheit ungeschminkt und, wo es nöthig ist, auch schonungslos zu sagen; und wenn Das, was ich Ihnen zu sagen hätte, Ihnen selbst mißfallen sollte, so bitte ich von Ihnen und kann es von Ihnen for= dern, daß Sie mich gleichwohl mit lautlosem Stillschweigen zu Ende hören.

Der wichtigste Punkt meines Antwortschreibens, Das, aus welchem sich alles Andere mit Nothwendigkeit entwickelt, ist das von mir da=

selbst aufgestellte Gesetz über den durchschnittlichen Arbeitslohn. Ich sage hierüber p. 15 sq.: „Das eherne ökonomische Gesetz, welches unter den heutigen Verhältnissen unter der Herrschaft von Angebot und Nachfrage nach Arbeit den Arbeitslohn bestimmt, ist dieses: daß der durchschnittliche Arbeitslohn immer auf den nothwendigen Lebens= unterhalt reducirt bleibt, der in einem Volke gewohnheitsmäßig zur Fristung der Existenz und zur Fortpflanzung erforderlich ist.

„Dies ist der Punkt, um welchen der wirkliche Taglohn in Pen= delschwingungen jeder Zeit herum gravitirt, ohne sich jemals lange we= der über denselben erheben noch unter denselben hinunter fallen zu können. Er kann sich nicht dauernd über diesen Durchschnitt erheben; denn sonst entstünde durch die leichtere, bessere Lage der Arbeiter eine Vermehrung der Arbeiterbevölkerung und somit des Angebotes von Händen, welche den Arbeitslohn wieder auf und unter seinen früheren Stand herabbrücken würden.

„Der Arbeitslohn kann auch nicht dauernd tief unter diesen noth= wendigen Lebensunterhalt fallen. Denn dann entstünde Auswande= rung, Ehelosigkeit, Enthaltung von Kindererzeugung und endlich eine durch Elend erzeugte Verminderung der Arbeiterzahl, welche somit das Angebot von Arbeiterhänden verringert und somit den Arbeitslohn wieder zu seinem früheren höheren Stand zurückbringt. Der wirkliche durchschnittliche Arbeitslohn besteht somit in der Bewegung, beständig um jenen seinen Schwerpunkt, in den er fortdauernd zurücksinken muß, herum zu kreisen, bald etwas über demselben, bald etwas unter ihm zu stehen." —

Dieses Gesetz ist so einstimmig anerkannt von allen Männern der Wissenschaft, seine Gründe sind so einfach und schlagend, daß ich nicht für möglich gehalten hätte, einen Widerspruch hierbei zu erfah= ren. Gleichwohl, meine Herren, wenn es sich darum handelt, den Arbeiter an der Erkenntniß seiner Lage zu verhindern, so geschehen die allerwunderbarsten Dinge, und so ist denn Herr Max Wirth un= ter Ihnen aufgetreten, der Ihnen jenes Gesetz geleugnet und es für einen lange überwundenen Standpunkt, für ein faules Ricardo'sches Gesetz erklärt hat, wie er sich ausdrückt. Das gebe ich Herrn Wirth bereitwillig zu: Hat er dieses Gesetz widerlegt, so hat er Alles wider= legt, was ich gesagt habe. Und umgekehrt, hat er es nicht widerlegt, so bleibt mit diesem Gesetz jedes meiner Worte bis zum letzten be= stehen; denn meine ganze Broschüre ist, wie Ihnen Herr Wirth selbst gesagt hat, nur eine consequente, mit logischer Nothwendigkeit fort= schreitende Entwickelung aus diesem Gesetz.

Welches Gesetz stellt nun Herr Max Wirth dem von mir auf= gestellten Gesetz gegenüber? Er sagt: Nicht von dem in einem Volke üblichen gewohnheitsmäßig nothwendigem Lebensunterhalt hänge der Arbeitslohn ab, sondern von der Industrieblüthe und dem Nationalkapital, von Nachfrage und Angebot. Schon hierin liegt die ganze Täuschung, der Herr Max Wirth sich schuldig macht. Dieses Gesetz, das er Ihnen entgegenstellt, ist gar kein an=deres, es ist genau dasselbe, das ich entwickelt habe, nur mit dem Unterschied, daß er die Hälfte seines eigenen Gesetzes fortläßt, um Sie zu täuschen*). Es ist natürlich wahr, der Lohn kann steigen, und er steigt dann im Allgemeinen langsam und all=mälig. Aber in demselben Verhältniß, in welchem er zu steigen be=ginnt, steigt und vermehrt sich auch die Zahl der Arbeiter, der Ar=beiterehen und der Arbeiterkinder, so daß dieser Factor, das gestiegene Angebot von Arbeiterhänden, dem anderen Factor, die durch das ver=mehrte nationale Capital gestiegene Nachfrage nach Arbeiterhänden, binnen sehr kurzer Zeit wieder ausgleicht und der Lohn stets auf je=nes frühere Maß wieder zurücksinkt. Diese Vermehrung steht so fest, daß in allen Jahren mit etwas billigeren Getreidepreisen schon, auch ohne daß der Arbeitslohn selbst gestiegen, bereits eine beträchtliche

---

*) Industrieblüthe und Nationalcapital stellen nämlich nur die Nach= frage nach Arbeit dar. Das andere Glied des Verhältnisses, das An= gebot von Arbeit, wird durch die Bevölkerungsmenge dargestellt. Gerade die Herrschaft von Angebot und Nachfrage hat das Gesetz des Arbeitslohns zur Folge, das ich entwickelt und aus ihm, dem Ver= hältniß von Angebot und Nachfrage, entwickelt habe. Aber die Un= kenntniß in ökonomischen Dingen ist bei uns so verbreitet, daß sich die entgegengesetztesten Parteien darin vereinigen, und Arm in Arm greifen mich der Frankfurter Correspondent der Kreuz=Zeitung und Hr. Feodor Streit in der Coburger Arbeiterzeitung an, daß ich das Gesetz von Angebot und Nachfrage in Abrede stelle — während ich gerade aus ihm entwickle! Gerade die Gegner sind es, welche, wie z. B. Hr. Max Wirth, jenes Gesetz verkennen, indem sie es zwar den Worten nach im Munde führen, aber bei der reellen Entwickelung, statt aus Nachfrage und Angebot, blos aus „Nachfrage" den Arbeitslohn herleiten. Hr. Streit treibt die Unwissen= heit und Gedankenlosigkeit soweit, daß er mir in Nr. 20 seiner Arbeiterzei= tung folgendes Citat aus John Stuart Mill gegenüberstellt: „Der Arbeits= lohn ist abhängig von der Nachfrage und dem Angebot in Betreff der Arbeit, oder wie es oft ausgedrückt wird, von dem Verhältniß zwi= schen Bevölkerung und Capital" d. h. also genau dasselbe, was ich sage und woraus ich als Facit dieses Verhältnisses jenen Stand des Arbeitslohns ableite. Am heitersten aber nimmt sich die Gedankenlosigkeit oder Gewissenlosigkeit dieser Herren, welche mich beschuldigen das Gesetz von Angebot und Nachfrage zu leugnen, aus, wenn man erwägt, daß ich in meinem „Antwortschreiben" Seite 15 ausdrücklich sage: „Das eherne ökonomische Gesetz, welches unter den heutigen Verhältnissen unter der Herrschaft von Angebot und Nachfrage nach Arbeit den Ar= beitslohn bestimmt, ist dieses:" 2c.

Zunahme der Arbeiterehen von den Statistikern bemerkt wird, wie Sie das später noch von John Stuart Mill hören werden. Hören Sie aber jetzt, wie unbestritten, wie einstimmig anerkannt dieses Gesetz in der Wissenschaft ist, das Herr Max Wirth als ein faules Ricardo'sches Gesetz bezeichnet. Hören Sie zunächst den Chef der französischen Bourgeois-Oekonomie, denn begreifen Sie wohl, ich werde hier nicht einen einzigen Socialisten citiren. Ich spreche nur von der Bourgeois-Oekonomie, auf deren Ausspruch allein ich mich berufe. Der Chef der französischen Bourgeois-Oekonomie, J. B. Say, sagt von dem Lohn der ordinären Arbeit Folgendes: *) „Das Angebot dieser Arbeit wächst mit der Nachfrage nach derselben. Die Nachfrage kann den Arbeitslohn ein wenig, aber sehr wenig über die Höhe bringen, welche nothwendig ist, damit die Arbeiterfamilien existiren und sich fortpflanzen können, d. h. über die Höhe, welche nothwendig ist, damit jede Arbeiterfamilie genug Kinder aufziehen kann, um Vater und Mutter zu ersetzen. Wenn der Arbeitslohn nur ein wenig über diesen Stand hinausgeht, so vermehrten sich die Arbeiterkinder und das größere Arbeitsangebot gleicht sehr bald die gestiegene Nachfrage aus."

„Wenn im Gegentheil die Nachfrage nach Arbeitern zurückbleibt hinter der Anzahl von Leuten, die sich zur Arbeit anbieten, so fallen ihre Einnahmen unter den Punkt, welcher nothwendig ist, damit diese Klasse sich in gleicher Zahl erhalten kann. Die Familien, welche am meisten von Kindern und Krankheiten gedrückt sind, gehen zu Grunde; in Folge dessen fällt nun das Arbeitsangebot, und indem jetzt weniger Arbeit angeboten wird, steigt ihr Preis. Man ersieht hieraus, daß es schwer ist, daß der Preis der einfachen Handarbeit lange über oder unter dem Standpunkt bleibt, welcher nothwendig ist, um die Arbeiterklasse in der Anzahl zu erhalten, deren man benöthigt ist, woraus sich uns die Schlußfolgerung ergibt, daß die Einnahme des einfachen Handarbeiters nicht das Maß Dessen übersteigt, was nothwendig ist, um die Existenz seiner Familie aufrecht zu erhalten."

So Say. Sie sehen also, genau dieser Tanz bald etwas über, bald etwas unter dem äußersten Rande der in einem Volke gewohnheitsmäßig üblichen Lebensnothdurft, genau dieser Tanz, den ich Ihnen in meinem Antwortschreiben auseinandergesetzt habe!

Aber Herr Max Wirth hat sogar die nicht beneidenswerthe Kühnheit gehabt, sich auf Adam Smith und John Stuart Mill zu berufen, als auf solche Gewährsmänner, welche dieses Gesetz nicht anerkannt und es sogar widerlegt hätten. Hören Sie, meine Herren, welche Stirn hierzu gehört. Adam Smith sagt in seinem Werke, erster Theil, erstes Buch, achtes Kapitel: „Wenn die Nachfrage nach

---

*) Cours complet d'écon. pol. V. part. ch. X. p. 383 ed. Brux.

Arbeitern beständig wächst, so muß der Arbeitslohn nothwendig einen
solchen Antrieb zur Verheirathnng und zur Vervielfältigung der Ar=
beiterzahl geben, daß sie im Stande sind, dieser immer wachsenden
Nachfrage durch ein gleichfalls stets wachsendes Angebot zu entspre=
chen. Nimmt man an, daß in einer Zeit der Arbeitslohn nicht so
groß ist als nothwendig, um diese Wirkung hervorzubringen, so wird
der Mangel an Arbeitern ihn bald steigen machen, und nimmt man
an, daß in einer anderen Zeit der Arbeitslohn größer sei, als für die
Wirkung erforderlich ist, so wird die übermäßige Vermehrung von Arbei=
tern ihn bald auf diese nothwendige Höhe zurücksinken machen."
So Adam Smith.

Oder hören Sie John Stuart Mill, den größten gegenwärtig
in England lebenden Nationalökonomen, auf den sich zu berufen Herr
Wnth die Kühnheit hat. John Stuart Mill geht noch viel weiter
darin als Ricardo. Er sagt 2. Buch), 11 Capitel, §. 2: „Ricardo
nimmt an, daß es überall einen Minimumsatz für den Arbeitslohn
gebe, entweder den niedrigsten, bei dem es physisch möglich ist, die
Bevölkerung zu erhalten, oder den niedrigsten, bei dem ein Volk sich
entschließt, dies zu thun. Er nimmt an, daß der allgemeine Satz
des Arbeitslohnes sich stets nach diesem Minimum hinneigt, daß er
niemals niedriger sein kann über die Länge der Zeit hinaus, die er=
forderlich ist, damit die geringere Bevölkerungszunahme sich fühlbar
mache, und daß er nie sich lange hoch halten kann. Diese Annahme
enthält Wahrheit genug, um sie für die Zwecke der abstrakten Wissen=
schaft zulässig erscheinen zu lassen, und der Schluß, den Ricardo da=
raus zieht, nämlich, daß der Arbeitslohn auf die Länge mit dem be=
ständigen Preise der Lebensmittel steigt und fällt, ist, wie alle seine
Schlußfolgerungen vom hypothetischen Standpunkt aus wahr, d. h.
wenn man die Voraussetzungen, von welchen er ausgeht, zugibt. Bei
der Anwendung auf die wirklichen Verhältnisse muß man indeß er=
wägen, daß das Minimum, von dem Ricardo spricht, insbesondere,
wenn es nicht ein physisches, sondern sozusagen ein moralisches Mini=
mum ist, selbst wieder bedeutende Verschiedenheit zuläßt." — Dies
ist es gerade, meine Herren, worauf ich sie in meiner Broschüre S.
16 und 18 so nachdrücklich aufmerksam gemacht habe. Der Arbeits=
lohn, sagte ich, sei das unter einem Volke gewohnheitsmäßig
übliche Minimum, nicht gleichstehend unter allen Völkern, weil nicht
jedes Volk sich mit denselben Lebensmitteln begnügt, um zu leben,
sich zu verheirathen und eine Familie zu bilden; darum ist er ein an=
derer in Rußland, ein anderer in Deutschland, ein anderer in Eng=
land, je nach den relativen socialen Lebensnothwendigkeiten, die in je=
dem bestimmten Volk üblich sind. Diese also ändern sich im Laufe
verschiedener Zeiten oder in der Verschiedenheit des Raumes, d. h.
bei den verschiedenen Völkern; dieß aber, sagte ich Ihnen, ändert sich
nie, daß Sie stets auf dem äußersten Rande des in jeder Zeit und

in jedem Volke gewohnheitsmäßig erforderlichen Lebensminimum herumtanzen! Mill entwickelt dasselbe: „Wenn der Arbeitslohn, fährt Mill fort, vorher so hoch war, daß er eine Ermäßigung ertragen kann, welche aber durch ein hohes Maß der Lebensansprüche der Arbeiter gehindert wurde, so kann eine Preiserhöhung der Lebensmittel oder eine andere ungünstige Veränderung in ihren Umständen auf zweierlei Weise wirksam sein. Es kann eine Ausgleichung erfolgen durch ein Steigen des Arbeitslohnes, herbeigeführt durch eine allmälige Einwirkung auf eine vorsichtige Beschränkung der Bevölkerungszunahmen — oder der Maßstab für die Lebensweise der arbeitenden Klasse kann für die Dauer niedriger werden, falls ihre frühere Gewohnheit in Bezug auf die Volksvermehrung sich als stärker ausweisen sollte, als ihre frühere Gewohnheit hinsichtlich der Lebensannehmlichkeit. Im letzteren Falle wird ihre Benachtheiligung von Dauer sein und ihre verschlimmerte Lage wird ein neues Minimum werden, mit der Tendenz, ebenso wie das frühere Minimum gethan, fortzubestehen. Es ist leider anzunehmen, sagt Mill, — hören Sie wohl —, daß von den beiden Arten, wie die Sachen sich gestalten, die letztere — nämlich, daß das Lebensminimum der Arbeiter nach unten gedrückt wird — bei weitem die häufigere ist, oder jedenfalls doch hinlänglich oft verkommt, um allen Sätzen, die jedem Unglück, welches die arbeitende Klasse trifft, eine selbstheilende Kraft zuschreiben, jede praktische Bedeutung zu nehmen. Es liegen gewichtige Nachweise vor, daß die Lage der landwirthschaftlichen Arbeiter aus England mehr als einmal im Laufe der Geschichte große und dauernde Verschlimmerung erfahren hat, aus Ursachen, die durch Verminderung der Nachfrage nach Arbeit wirkten, und die nur einen vorübergehenden Einfluß hätten äußern können, wenn die Bevölkerung ihre Macht der Selbstregulirung (d. h. der Regulirung ihrer Zahl durch Verheirathung) in Gemäßheit des früheren Maßstabs der Lebensannehmlichkeit ausgeübt hätte. Unglücklicherweise hat die Armuth, worin die arbeitende Klasse während einer langen Reihe von Jahren versunken war, diesen früheren Maßstab verloren gehen lassen, und die nächste Generation, die aufwächst, ohne die frühere Lebensannehmlichkeit besessen zu haben, vermehrt sich nun ihrerseits, ohne dahin zu streben, sich dieselbe wieder zu verschaffen."

Sie sehen also, meine Herren, John Stuart Mill sagt genau dasselbe, ja er geht noch weiter als Ricardo, und selbst weiter, als ich für nöthig gefunden habe in meinem an Sie gerichteten Antwortschreiben zu gehen. Mill nimmt an, was ich dort noch zweifelhaft gelassen habe, daß in den häufigsten Fällen das Minimum der Existenzbedürfnisse, die der Arbeitslohn darstellt, nach unten sich neigt, daß der in einem Volke gewohnheitsmäßig übliche nothwendige Lebensunterhalt häufiger fällt als steigt, daß er im Lauf der Zeiten nach unten gedrückt wird, weil selbst die vorübergehenden

Verschlechterungen, da die Arbeiter das Kindererzeugen nicht aufge=
ben, die Tendenz haben, zu dauernden Verringerungen der üblichen
Lebensnothdurft zu führen.

Er fährt fort: „Der entgegengesetzte Fall tritt ein, wenn durch
Verbesserungen in der Landwirthschaft, Aufhebung von Korngesetzen
und ähnliche Ursachen der Lebensbedarf des Arbeiters wohlfeiler und
dieser in den Stand gesetzt wird, mit dem nämlichen Arbeitslohn mehr
Lebensannehmlichkeiten sich zu verschaffen, als vorher. Der Arbeits=
lohn wird nicht unmittelbar darauf fallen; es ist sogar möglich, daß
er zunächst steigen wird. Schließlich jedoch wird der Arbeitslohn so
weit fallen, daß die Arbeiter nicht besser daran sein werden, als
vorher, wofern sich nicht während dieser Zwischenzeit des Gedeihens der
Maßstab der von dieser Klasse als unentbehrlich angesehenen Lebens=
annehmlichkeit für die Dauer erhöht hat. Leider kann auf einen
solchen wohlthätigen Einfluß durchaus nicht gerechnet werden
(sagt Mill). Es ist eine viel schwierigere Sache, die Lebensansprüche,
welche die Arbeiter für unentbehrlicher ansehen als Heirathen und
Familien zu haben, zu erhöhen, als solche niedriger zu stellen. Wenn
die arbeitende Klasse sich begnügt, die größere Annehmlichkeit zu ge=
nießen, so lange sie dauert, aber nicht lernt, sie für ein Bedürfniß
anzusehen, so wird sie sich durch Bevölkerungsvermehrung zu
ihrer früheren Lebensweise wieder herabbringen. Wenn ihre Kinder
früher aus Armuth ungenügend ernährt und verwahrlost wurden, so
wird nun eine größere Zahl derselben aufgezogen werden, deren Con=
eurrenz, wenn sie erwachsen sind, den Arbeitslohn wieder herabdrücken
muß. Wenn diese Wirkung nicht auf solche Weise hervorgebracht
wird, so geschieht dieß durch frühzeitigeres und reichhaltigeres Heira=
then oder durch eine größere Zahl Geburten nach der Heirath. Alle
Erfahrung stimmt damit überein, daß in Jahren mit wohlfeilen Korn=
preisen bei reichlicher Beschäftigung in der Zahl der Heirathen eine
bedeutende Zunahme unabänderlich stattfindet. Ich kann daher der
Wichtigkeit, welche man der Aufhebung der Korngesetze, lediglich als
eine Arbeiterfrage betrachtet, beigelegt hat, nicht beistimmen, noch auch
irgend einem jener Projekte, wie solche in allen Zeiten vorkommen,
um die Lage der Arbeiter ganz wenig besser zu stellen. Dinge,
welche diese Lage nur ganz wenig berühren, machen keinen bleibenden
Eindruck auf Gewohnheiten und Ansprüche der Arbeiter und sie sin=
ken bald in ihren früheren Zustand zurück. Um bleibenden Nutzen
zu stiften, muß die vorübergehende Ursache, die auf sie einwirkt, aus=
reichen, um eine bedeutende Veränderung in ihrer Lage zu Wege zu
bringen — eine solche Veränderung, die viele Jahre hindurch em=
pfunden wird, ungeachtet des Antriebs, den sie während einer Gene=
ration dem Bevölkerungszuwachs gibt. Wenn die Verbesserung diesen
merkwürdigen Charakter hat und wenn in Folge dessen eine Gene=
ration aufwächst, welche immer an einen höheren Maßstab der Lebens=

annehmlichkeit gewohnt gewesen, so bildet sich die Gewohnheit dieser neuen Generation in Bezug auf Bevölkerungszunahme auf Grund eines höheren Minimums und diese Verbesserung der Lage der Arbeiter ist von Dauer." — Der bemerkenswertheste Fall dieser Art, sagt John Stuart Mill nun weiter, sei die französische Revolution gewesen. Denn durch diese habe sich ganz plötzlich eine Verbesserung eingestellt, welche die, obwohl mit beispielloser Raschheit vor sichgehende Bevölkerungszunahme noch überwogen habe. — Sie sehen also, daß John Stuart Mill ganz dasselbe sagt, was ich hierüber in meiner Broschüre S. 18 und früher gesagt habe.

(P a u s e.)

Ich fahre also in der Entwickelung des angefangenen Punktes fort. weil dieß gerade der Punkt von der ausnehmendsten Wichtigkeit, der prinzipielle Punkt des ganzen Streites ist.

Eben so wenig, sage ich, hat Bastiat Etwas gesagt, was geeignet wäre, jenes Gesetz des Arbeitslohnes zu widerlegen. Herr M. Wirth beruft sich auf den Ausspruch desselben, daß mit der Entwicklung der Industrie und der Gesammtproduktion auch der proportionelle Antheil der Arbeit daran wachse.

Wenn diese Behauptung, die kein anderer Oekonom theilt, und die Bastiat nicht bewiesen hat, selbst wahr wäre, so würde sie nichts destoweniger Nichts enthalten, was nothwendig dem Gesetz des Arbeitslohnes widerspricht; selbst einmal angenommen, daß im Laufe der Jahrhunderte auch der proportionelle Antheil der Arbeit steige, so wäre damit noch keineswegs gesagt, daß auch der Lohn derselben steige; dieser kann stehen bleiben oder sogar fallen und das hinge lediglich davon ab, ob sich nicht die Zahl der Arbeiter in einem noch stärkeren Grade als der Antheil der Arbeit an der Gesammtproduction vermehrt.

Andere Gründe gegen Bastiat würden zu einem zu langen Eingehen nöthigen und ich will daher hier auf sie verzichten.

Der Gegenbeweis ist aber ganz äußerlich und kurz dadurch zu führen, daß ich die anerkannten Männer der Wissenschaft citire, die nach Bastiat geschrieben haben. Zu diesen gehört vor allen Dingen J. M. Mill, der jetzt noch lebt und dessen Stimme Sie bereits vernommen haben.

Hören sie Herrn Professor Rau in Heidelberg, den Verfasser des gelesensten Compendiums, das, ich weiß nicht in wie viel Auflagen erschienen ist.

Er sagt im Paragraph 190 seiner volkswirthschaftlichen Grundsätze:

„Die Kosten, welche dem Arbeiter im Lohn erstattet werden

„müssen, bestehen bei einfachen kunstlosen Verrichtungen nur aus
„dem Unterhaltsbedarf, bei künstlichern kommt aber noch der zur
„Erlangung der erforderlichen Geschicklichkeit vorgenommene Güter-
„aufwand hiezu. Dieser Unterhaltsbedarf muß nicht blos
„auf die Dauer der Arbeit, sondern auch auf die Jahre der
„Kindheit und Jugend bezogen werden, in welcher der künftige
„Arbeiter noch Nichts erwerben kann und überhaupt muß der
„Lohn der Arbeit zum Unterhalt der Familien hinreichen.

„Wäre das Lohneinkommen dafür zu gering, so würde die
„arbeitende Klasse minder zahlreich werden und es würde an
„Arbeitern zu fehlen anfangen bis das geringere Angebot von
„ Arbeit den Lohn wieder in die Höhe brächte."

Und in §. 196:

„Ein reichlicher Lohn macht es jeden Arbeiter möglich, ent-
„weder besser zu leben oder sich zu verehelichen und eine neue
„Familie zu gründen, durch welche sodann die Volksmenge ver-
„größert wird.

„Die Annehmlichkeiten des häuslichen Lebens sind so anzie-
„hend, daß die Mehrzahl der Arbeiter durch hohen Lohn be-
„wogen wird, in früherem Alter als sonst sich zu verheirathen.

„Dieser Umstand und die Einwanderung von andern Ländern
„pflegen in solchen Fällen in nicht langer Zeit eine beträchtliche
„Vermehrung der Volksmenge zu bewirken, welche dann das
„Angebot von Arbeitern erweitert.

„Wenn nun das Capital nicht mit gleicher Geschwindigkeit
„anwächst, so wird unfehlbar der Lohn von seinem hohen Stand
„herabgehen müssen.

„In der Regel sind auch wirklich die Gelegenheiten zur
„Ansammlung neuer Capitalien nicht so günstig und die Be-
„weggründe zum Sparen nicht so mächtig, daß das Ge-
„sammt-Capital eines so schnellen Anwuchses fähig
„wäre als die Volksmenge.

„Diese wird also durch das Zurückbleiben des Capitals in
„ihrer weitern Vermehrung gehindert und deßhalb ist gewöhn-
„lich das Angebot von gemeiner Handarbeit im Verhältniß zum
„Begehr von solcher Größe, daß der Lohn nur den
„nöthigen Unterhalt oder wenig mehr gewährt."

Meine Herrn! Herr Professor Rau sagt, wie Sie sehen, genau dasselbe was ich, aber wie ich bereits vorhin bemerkt habe, wenn es sich
darum handelt, den Arbeiter an der Erkenntniß seiner Lage zu verhindern, so geschehen die allererstaunlichsten Dinge, und so hat denn dieser selbe
Professor Rau hier in der Süddeutschen Zeitung gegen mich eine Erklärung erlassen, worin er mir natürlich nicht wirklich widerspricht,
denn wie Sie sehen, könnte er das nicht, ohne sich auf das Empfind-
lichste selbst zu widersprechen, worin er aber doch für ungeübte

Augen mit „wenn" und „aber" den Anschein annimmt, als wider-
spräche er mir!

Ich habe dieses Verfahren bereits öffentlich gerichtet, hinweisend
auf die Unehrlichkeit, im Hörsal und in gelehrten Werken etwas Anderes zu sagen als vor dem Volke.

Ich habe dieß widerlegt einfach durch die Citation aus Werken
des H. Rau selbst. In der Vossischen Zeitung zu Berlin ist das
veröffentlicht worden, ich habe diese Entgegnung auch an die Süddeutsche Zeitung hergeschickt, die zuerst den Aufsatz von H. Rau gegen
mich gebracht hat — und sie hat die Perfidie und Unehrlichkeit
gehabt, meiner Erwiderung die Aufnahme zu verweigern!
(Bravo und Ordnungsrufe.)

Wenn ich mich hierüber beschwert habe, so geschieht es nur in
Ihrem Interesse.
(Rufe: Schluß und Ausredenlassen. Ruhe.)

Mir kann das ganz egal sein, ob die Süddeutsche Zeitung das
abgedruckt oder nicht; aber indem sie es nicht thut, hindert sie die
Arbeiter daran, diese Entgegnung zu lesen.

Es ist in der ganzen Presse anerkannt, daß, wer einen Angriff
bringt, die Pflicht hat, die Antwort darauf abzudrucken. (Bravo.)

Präsident. Ich muß den Herrn Redner ersuchen, sich in seinen
Ausdrücken zu mäßigen, wir sind nicht hier um uns zu beschimpfen,
sondern um uns über tiefgehende Fragen auszusprechen und zu verständigen. Je mehr Sie Sich mäßigen, desto größer wird der Eindruck
auf die Versammlung sein. (Bravo.)

Lassalle. Ich habe Niemand beschimpft, ich habe nicht einmal
von Personen, sondern von einem Institut gesprochen und dessen Unehrlichkeit gerügt. Es ist und bleibt eine hohe Unehrlichkeit, einen
Angriff zu bringen und die Annahme der Antwort darauf zu verweigern
und — wohin wäre es mit der Wahrheit gekommen, wenn sie sogar
nicht einmal vor Arbeitern gesagt werden sollte?!
(Stürmisches Bravo und großer Lärm.)

Hören Sie einen andern berühmten Gelehrten, Professor Zachariae
in seinen 40 Büchern vom Staat. Band 5. pag. 156:

„In diesem Kampf zwischen Capitalisten und Arbeitern, sagt
„er, sind die Arbeiter fast immer der schwächere und daher un-
„terliegende Theil. Denn zufolge der Gesetze, nach welchen die
„Menschengattung sich vermehrt, übersteigt fast immer das An-
„gebot der Arbeit den Begehr, umsomehr, da der Arme den
„Entschluß sich zu verheirathen am leichtsinnigsten faßt, Nam
„cantat vacuus coram latrone viator, (d. h. der Wanderer
„mit leeren Taschen singt, wenn er dem Räuber begegnet; er
„hat Nichts zu verlieren, darum kann er leicht singen. In
demselben Sinn, meint Zachariae, verheirathet sich der Arbeiter so
leicht, weil er Nichts zu verlieren hat.)

„So geschieht es fast immer, daß der Arbeitslohn zum Maße
„des ursprünglichen Arbeitslohnes so herabsinkt, daß dem Arbei=
„ter nur die Lebensnothdurft zu Theil wird. Der Ar=
„beitslohn würde noch tiefer herabsinken (und in der That ver=
„dient der Arbeiter zuweilen sogar das Unentbehrliche nicht),
„wenn er nicht durch die physische Beschaffenheit des Menschen
„auf jener Stufe erhalten würde."

Ebenso einer der gelehrtesten National=Oekonomen, Prof. Roscher
in Leipzig, sagt (System der Volkswirthschaft, 1858, pag. 308:

„Das Wort Productionskosten, welche das fortwährende Auf=
„gebot der Arbeit bedingen, umfaßt die herkömmlichen Lebens=
„bedürfnisse nicht blos der wirklichen Arbeiter, sondern auch ihrer
„Familien, d. h. also des heranwachsenden Arbeitergeschlechts.
„Wie groß die Anzahl des letztern sein müsse, hängt wesentlich
„von der Arbeits=Nachfrage ab.

„Ist diese z. B. so stark, daß nur die Erziehung von durch=
„schnittlich 6 Kindern pro Familie sie befriedigen kann, so
„muß der Lohn, außer dem Unterhalt des Arbeiters, auch noch
„die Erziehungskosten von 6 Kindern zu decken vermögen. Wo
„es üblich. wird, daß Weib und Kind für Lohn arbeiten, da
„braucht der Vater nicht mehr den ganzen Unterhalt der Fa=
„milie selbst zu erwerben, es kann also der individuelle Arbeits=
„lohn geringer ausfallen.

„Sobald er unter die oben erwähnte Kostenhöhe sinkt, so
„würde sehr bald durch vermehrte Sterblichkeit und Auswan=
„derung, durch verminderte Ehe und Geburtszahl eine Ver=
„ringerung des Angebots erfolgen, die bei unverminderter Nach=
„frage den Lohn wieder steigern müßte. Auch umgekehrt wird
„sich der Stand des Arbeiterlohns hoch über jenen Kostenbe=
„trag um so schwerer lange behaupten können, je allgemeiner
„die Befriedigung des Geschlechtstriebs für den größten sinn=
„lichen Genuß und die Liebe der Aeltern zu den Kindern für
„natürliche Menschenpflicht gilt. Wo eine starke Nachfrage nach
„Menschen ist, da wird sich regelmäßig auch ein starkes Ange=
„bot von Menschen einstellen."

Sie sehen, meine Herren, welche Einstimmigkeit bei allen
Autoritäten, bei allen Männern der Wissenschaft über dieses Gesetz
herrscht, und welche unglaubliche Stirne dazu gehört, ein so anerkann=
tes Gesetz als unwahr zu bezeichnen und sich dabei noch auf Smith
und Mill zu berufen, die dasselbe selbst nachgewiesen haben. Als ich
dieselben Enthüllungen in Leipzig machte, erklärte sogar ein Blatt,
welches zu meinen leidenschaftlichsten Gegnern gehört, die Mittel=
deutsche Volkszeitung, daß in dieser Hinsicht der Beweis gegen die
Citate des Herrn Wirth von mir vollständig erbracht worden sei.

Ueberdieß, meine Herren, Rodbertus hat es Ihnen gesagt, in

jenem Brief, den er an Sie gerichtet: „Alle großen Oekonomen aller civilisirten Völker haben einstimmig dieses Gesetz anerkannt."

Ueberhaupt, meine Herren, muß ich Ihnen hier ein für allemal Etwas sagen: Wenn ich Ansichten ausspreche, wenn ich Schlüsse ziehe, so kann ich irren so gut wie jeder Andere, denn ich bin kein Papst; aber dann trage ich Ihnen diese Dinge auch als meine Ansichten und als meine Schlüsse mit ihren Gründen vor und überlasse es Ihrer Vernunft, sich zu sagen, ob Sie von der Nothwendigkeit dieser Schlüsse überzeugt sind oder nicht.

So oft ich aber komme, und so oft ich in aller Zukunft noch kommen werde, und Ihnen sage: dieß und dieß ist eine von der Wissenschaft allgemein anerkannte Thatsache, — so oft ich das thue, können Sie mir dieß, daß diese Thatsache allgemein in der Wissenschaft als anerkannt gilt, immer unbedingt und auf das Wort glauben; darin kann ich Sie nicht täuschen, dagegen sichert Sie nicht nur mein Charakter, dagegen haben Sie auch noch eine andere Garantie, die ich nicht um persönlicher Ruhmredigkeit willen, sondern im Interesse der Sache und weil Sie Arbeiter sind, die von selbst davon Nichts wissen können, Ihnen hier erklären muß.

Ich habe mir in der gesammten wissenschaftlichen Welt durch mühsame und große gelehrte Arbeiten einen allgemein anerkannten und geachteten Namen und zwar in sehr verschiedenen Wissenschaften erworben; diesen Namen würde ich mit einem Schlage verlieren, wenn ich hertreten wollte und Ihnen sagen: es ist Etwas in der Wissenschaft allgemein anerkannt, was dieß nicht ist. Dem setzt sich aber Niemand aus, der sich einen solchen Namen in der Wissenschaft einmal erworben.

Fragen Sie Herrn Dr. Büchner hier, der in der Naturwissenschaft in einer ähnlichen Lage ist, ob er sich dem aussetzen würde und könnte.

Subalterne, untergeordnete Subjecte aber, obscure Scribenten, die sind freilich in einer ganz anderen Lage, diese können Ihnen sagen, was sie wollen, denn sie haben Nichts zu verlieren!

Nun werde ich Ihnen aber endlich noch einen anderen Beweis für jenes Gesetz erbringen, einen Beweis, der Sie vielleicht belustigen, vielleicht aber auch entrüsten wird.

Ich habe hier in der Hand ein Buch von Herrn Max Wirth, „Grundzüge der Nationalökonomie". Darin sagt er pag. 36:

„Der Werth der Jahres=Arbeit eines Arbeiters muß also „mindestens einer Summe gleichkommen, welche dessen Existenz „sichert.

„Um diesen Maßstab wird der Preis der Arbeit, der Arbeits= „lohn, wie um seinen Mittelpunkt ventiliren unter dem „Einfluß von Nachfrage und Angebot."

Sie sehen also, abgesehen davon, daß er ein falsches Wort ge=

braucht, — denn „ventiliren" kann in diesem Sinne nicht gebraucht
werden, — sagt er wörtlich genau dasselbe, was ich gesagt
und was er unter Ihnen bekämpft!

Sie sehen, meine Herren! ein Lohn=Arbeiter ist für mich etwas
sehr Ehrenwerthes, aber ein Lohn=Schreiber, — — das ist eine ganz
andere Sache!

(Ordnungsruf. Großer Lärm. Aussprechenlassen.
Schluß, Schluß. Nein, Weiterreden.)

Präsident: Ich muß den Redner entschieden bitten, nicht Per=
sonen zu beleibigen. Diesmal hat er von einer Person gesprochen.

Lassalle: Es ist für mich eine ganz neue Erscheinung und zeigt,
wohin wir gekommen sind, die Scene, die ich jetzt erlebt habe. Meine
Herren, ich werde mich in der Freimüthigkeit meines Urtheils nicht
irre machen lassen. (Anhaltendes Bravo.)

Ueberdieß bitte ich Sie, Eines zu bemerken.

Ich habe hier kein Urtheil über eine Person abgegeben, sondern
nur eine allgemeine Sentenz gesagt.

Ich habe nicht gesagt, Herr M. Wirth ist ein Lohnschreiber;
kein Mensch kann das gehört haben.

Ich berufe mich auf die Herren Stenographen. Ich habe nur
gesagt, ein Lohn=Arbeiter ist etwas ganz Ehrenwerthes und ein Lohn=
Schreiber ist etwas ganz Anderes.

Das ist eine allgemeine Sentenz.

Der Präsident hat nicht das Recht, den Sinn meiner Worte
zu censiren.

(Bravo aus dem Saal und von den Logen. Schluß, Schluß.
Weitersprechen.)

Präsident: Wissen Sie nicht, meine Herren, daß wir hier eine
Versammlung haben, auf die halb Deutschland blickt? Lassen Sie es
nicht dahin kommen, daß die Bemerkung gemacht werden muß, die
Versammlung konnte nicht abgehalten werden, weil die Arbeiter nicht
genug parlamentarischen Takt besaßen.

Ich habe Herrn Lassalle unterbrochen, weil er das Wort „Lohn=
Schreiber" in Verbindung mit Herrn M. Wirth gebracht hat. Kein
Mensch wird daran zweifeln, obschon vielleicht der Wortlaut nicht
der war.

Deshalb habe ich das Recht, den Herrn Redner aufmerksam zu
machen, künftig Aehnliches zu unterlassen.

Lassalle: Ich muß dem Präsidenten wiederholt bemerken,
daß ihm nur die Censur über die parlamentarische Ausdrucks=
weise, niemals aber über den Sinn der Rede zusteht. Darauf beruht
eben die ganze Freiheit der Rede, daß man Etwas andeutet, ohne es
mit directen Worten zu sagen, daß man jeden beliebigen Sinn mit
parlamentarisch erlaubten Ausdrücken sagt; darauf beruht die Freiheit
der Rede, wie die Gewandtheit des Redners. Wie wollen Sie sonst,

wenn Sie über irgend Etwas oder irgend Jemanden eine schlechte Meinung haben, wie wollen Sie diese mittheilen?
(Großer Beifall aus dem Saal und den Logen.)
Ich habe Ihnen also bewiesen, daß Herr Wirth in seinem Werke genau dasselbe sagt, was ich sage. Vielleicht kommen nun in diesem Werke — denn ich habe es nicht gelesen — auch andere Stellen vor, in denen wieder das Gegentheil gesagt ist. Was würde da für ein Schluß übrig bleiben? Wie definirt Lord Byron, der berühmte englische Dichter, den Wahnsinn? Er sei die Vereinbarung des Unvereinbarlichen! *) — Ich habe Ihnen soeben gesagt, ich habe dies Buch nicht gelesen und Sie könnten sich somit wundern, wieso ich in der Lage war, Ihnen die betreffende Stelle darin nachweisen zu können. Ich bin Ihnen daher Aufklärung darüber schuldig. In der That, als dies Buch erschien, kam es mir zur Hand. Aber als ich einige Seiten durchblättert, entdeckte ich sehr bald den gedankenlosen Zusammenstoppler und warf das Buch unwillig fort, da ich keine Zeit habe, so werthlose Zusammenstoppelungen zu lesen. Jetzt aber, nachdem Herr Wirth überall gegen mich aufgetreten, schickte mir ein Freund, der mehr Zeit und Geduld hat, dies Buch und bezeichnete mir jene Stelle. — Ich will hier eine Bemerkung machen, da sich der Herr Präsident an meiner Ausdrucksweise gestoßen hat. Wenn ich mich ungeschminkt ausspreche, so werde ich deshalb nicht persönlich, denn ich bleibe strenge bei der Sache; ich werde blos grob und das ist ein ungeheurer Unterschied, meine Herren. Grob muß, kann und darf ich sein, und das werde ich Ihnen beweisen. Grob muß jeder Vertreter einer großen Sache gegen alle Solche sein, die sich fälschend zwischen ihn und seinen großen Zweck werfen, und ich bin entschlossen, mit geistigen Keulenschlägen Jeden zu Boden zu schlagen, der sich zwischen Sie und mich fälschend drängt. In Ihrem Interesse also muß ich grob sein; und ebenso kann und darf ich es sein, denn wenn Herr Max Wirth, der mir später ja antworten kann, auch eben so grob sein wollte gegen mich, so wäre dennoch ein ungeheurer Unterschied zwischen Dem, was er sagt und Dem, was ich sage. Wenn er mich z. B. gleichfalls einen gedankenlosen Zusammenstoppler nennen wollte, wie ich ihn, so würde das nur das ungeheure Gelächter aller Männer der Wissenschaft erregen, die mich kennen. Aber wenn ich ihn so nenne, so weiß jeder Mann von

---

*) Das ist also der Mann, auf dessen „Autorität" hin nicht nur die Volks-Zeitung, sondern auch die National-Zeitung zu Berlin in einem feierlichen Leitartikel jenes Gesetz des Arbeiterstandes für einen „überwundenen Standpunkt" erklärten! Mögen sie die Schande ihrer Unwissenheit jetzt tragen!

2

Fach, wie ungeheuer wahr das ist, und jedes meiner Worte trifft ihn wie mit Keulenschlägen! — (Großer Beifall.)

Was ist nun die Folge jenes Gesetzes, von dem ich Ihnen nachgewiesen habe, daß es einstimmig anerkannt ist von allen Männern der Wissenschaft? Was ist die Folge desselben? frage ich. Sie glauben vielleicht, meine Herren, daß Sie Menschen sind? Oekonomisch gesprochen, und also in der Wirklichkeit, irren Sie sich ganz ungeheuer! Oekonomisch gesprochen sind Sie nichts als eine Waare! Sie werden vermehrt durch höheren Lohn, wie die Strümpfe, wenn sie fehlen; und Sie werden wieder abgeschafft, Ihre Zahl wird durch geringeren Arbeitslohn, — durch Das, was der englische Oekonom Malthus die vorbeugenden und zerstörenden Hindernisse nennt, — vermindert wie Ungeziefer, mit welchem die Gesellschaft Krieg führt! Wenn das Mitglied der pariser Akademie, M. Diannyere, schon am Ende des vorigen Jahrhunderts unter Betrachtung einer 40jährigen Zeitperiode in Paris und Lyon nachgewiesen hat, daß jedes Jahr, welches etwas nur unerheblich theurern Getreidepreise hat, die Sterblichkeit unter den Arbeitern vermehrt — was ist das zuletzt anders als der reine Hungertod? Kommt es zu dem Verein, für den ich kämpfe, so werde ich Ihnen in den großen Blättern desselben diesen Prozeß, den ich Ihnen soeben entwickelt habe, noch näher schildern.

Diesem unmenschlichen Zustande handelt es sich, ein Ende zu machen, dafür die öffentliche Ueberzeugung, dafür ein legales Mittel zu gewinnen. Aber nun, ehe ich hierin fortfahre, muß ich noch eine andere thatsächliche Grundlage meiner Broschüre gegen die höchst unberechtigten Einwürfe und Zweifel wahren, die höchst inkompetente Menschen dagegen erhoben haben.

Ich habe in meinem Antwortschreiben eine auf Grund der amtlichen Steuerlisten des Jahres 1850 von Geheimrath Dieterici veröffentlichte Berechnung mitgetheilt über die ungefähre Vertheilung des Einkommens in der Bevölkerung, eine Liste, nach welcher 89 % der Bevölkerung ein Einkommen bis 200 Thlr. genießen, sich also in der allerbrückendsten Lage befinden, andere 7 % der Bevölkerung immer noch in gedrückter und dürftiger Lage sind und nur 4 % der Bevölkerung in wohlhabender Lage sich befinden. Was für ein Meer von Zweifeln und was für ein Sturm von Wuth hat sich nicht gegen diese meine Mittheilung erhoben! Die Einen schrieen, das sei ein besonders ungünstiges Jahr; die Andern, die Zahlen seien falsch, grundfalsch und unmöglich. Die Dritten, sie müßten mißverstanden sein. In allen Tonarten hat man sich erhoben, schäumend vor Wuth dagegen, daß ich Ihnen das minime Verhältniß, in welchem die Zahl der Besitzenden zu der unbemittelten Klasse steht, verrathen habe. Ja wohl, man will den unbemittelten Klassen ihre Zahl verschweigen, um ihnen ihre Macht zu verschweigen. (Beifall.) In dieses

interessirte Wuthgeschrei haben sich auch von Wohlbenkenden und Auf=
richtigen Zweifel und Zeichen äußerster Ueberraschung gemischt. Dies
ist nicht wunderbar. Ich erinnere mich noch sehr gut, wie mir, als
ich, was freilich vor langen Jahren der Fall war, das Erstemal zur
Statistik kam, vor Verwunderung das Buch aus der Hand fiel, als
ich zuerst auf ähnliche Nachweise stieß, eine wie unmerkliche Handvoll
Menschen die Besitzenden in der Nation ausmachen. Ich war immer
gewohnt, so viele Menschen in guten Verhältnissen vor mir zu sehen,
daß ich im ersten Augenblick gleichfalls zu träumen glaubte. Aber
aus meiner Unerfahrenheit darin fiel es mir nicht ein, einen Einwurf
gegen wissenschaftlich feststehende Dinge herzuleiten, sondern ich ließ
mich eben belehren. Die Statistik beweist eben, und das ist gerade
das Verdienst der Agitation, die ich mache, daß sie Dinge, die seit
vielen Jahrzehnten Eigenthum der gelehrten Kaste sind, aus der Kaste
heraus auf den öffentlichen Markt wirft! Seit Jahrzehnten weiß
man das in der Professorenwelt und es incommodirt keinen Men=
schen; aber durch eine kräftige Faust auf den Markt geschleudert —
und die ganze Presse und das gesammte Land geräth darüber in eine
Art von Aufruhr! Freilich ist damit nun nothwendig verknüpft, daß
nun auch der ganze unwissende Mob, der nicht den geringsten Beruf
dazu hat, mitzusprechen, schulmeistert, schimpft, fälscht, mich an der
Nase zieht und noch dabei die Miene großer Ueberlegenheit einnimmt.
Das muß man sich eben gefallen lassen. All dieser Unverstand hat
kurzen Athem und vergeht; das Große und Wahre bleibt bestehen
und bohrt sich durch.

    Zunächst aber, — hatte man denn überhaupt den geringsten
Grund zum Unglauben gegen die Zahlen, die ich Ihnen mitgetheilt?
Trugen sie nicht alle Gewähr und Bürgschaft, die man nur denken
kann? Ich hatte mich gehütet — und hatte Sie ausdrücklich darauf
aufmerksam gemacht — Ihnen mit eigenen Berechnungen zu nahen.
Zahlen freilich kann Jeder auf das Papier stellen, das kann jede be=
liebige Zeitung thun und das bedeutet dann eben gar Nichts! Ich
aber hatte Ihnen wörtlich copirt das Resultat einer Berechnung Die=
terici's, und dieser vor Kurzem verstorbene Mann war Mitglied der
kgl. Akademie der Wissenschaften zu Berlin, also der ersten gelehrten
Körperschaft des Landes und zwar gerade als Statistiker, um seiner
statistischen Verdienste willen. Er war ferner, und zwar wieder um
seiner Verdienste als Statistiker willen, von dem Staate angestellter
Chef des amtlichen statistischen Bureau's zu Berlin. Er arbeitete
endlich, was bei der Statistik eine Hauptsache, mit allen officiellen
Hülfsmitteln des Staates, und in den amtlichen Veröffentlichungen des
statistischen Bureau's ist jener Aufsatz erschienen. Ein solcher Mann
versteht sein Fach. Was bedeutet also gegen die wissenschaftlichen
Constatirungen dieses Mannes, der damals der Chef dieser Wissen=
schaft in ganz Preußen war, das wüthende Geschrei der Unwissenden:

es ist nicht wahr? Und sollte man sich nicht schämen, daß man die
Stirne hat, zu widersprechen, wo man die Bescheidenheit haben sollte,
zu lernen? Ein gewisser Herr Wackernagel, — ich würde Ihnen
nicht davon sprechen, wenn ich nicht gehört hätte, daß diese Broschüre
auch hierher gedrungen, und wenn die berliner Volkszeitung und
andere liberale Blätter diese Broschüre nicht mit größtem Jubel bekränzt hätten, — ein gewisser Herr Wackernagel, der gleichfalls nicht
den geringsten Beruf hat, in statistischen Dingen mitzusprechen, hat
die großartige Entdeckung gemacht, daß von fünf Klassen und einer
Zwischenstufe, in welcher das der Dietericischen Berechnung zu Grunde
liegende Klassensteuer=Gesetz vom 30. Mai 1820 die Bevölkerung
zerlegt, in der untersten Klasse die Steuer gesetzlich von zwei Personen derselben Familie erhoben werden kann, und resp. in gewissen Fällen nach bei gesetzlicher Bestimmung von höchstens drei. Das hat natürlich der Geheimrath Dieterici eben so gut gewußt, wie Wackernagel, und wie dieser Umstand den Geheimrath Dieterici nicht ab-
hielt, auf diese Steuerzahl die statistische Durchschnittsberechnung zu
bauen, wie sich — wörtlich: — „die Bevölkerung nach ihrem Einkommen vertheilt", so hat dieser Umstand auch mich nicht abgehalten,
von dieser Dietericischen Berechnung, die ich genau und ohne jede
Alteration copirt, und in demselben Sinn, in welchem er sie selbst
gibt, Gebrauch zu machen. Daß sich Geheimrath Dieterici durch
diesen Umstand, daß in der untersten jener fünf Klassen die Familie
bei der Steuer durch zwei, resp. in gewissen Fällen selbst durch drei
Personen vertreten sein kann, nicht abhalten ließ, auf jene Steuerliste
seine Durchschnittsberechnung der Einkommenvertheilung zu gründen,
wäre unter Anderm schon dadurch allein gerechtfertigt, daß die Kin-
derzahl in den Familien der untersten Klasse bei Weitem die größte
ist und sich hiedurch also jener Umstand wieder vollauf compensirt.
Mit welcher Unwahrheit und Kühnheit man aber von Seiten der
liberalen Presse und auch von Seiten des Herrn Wackernagel zu ver-
dunkeln und zu leugnen sucht, daß Dieterici jenes Einkommen als
durchschnittliches Familien=Einkommen hinstellt, ergibt sich
am Einfachsten daraus, daß Dieterici, nachdem er noch auf derselben
Seite, — ich habe Ihnen dieses Buch mitgebracht, es kann es nachher Jeder einsehen, — nachdem er also, sage ich, auf derselben Seite
das Gesammteinkommen der Bevölkerung geschätzt und hieraus die
Einnahme jener fünf Klassen berechnet hat, (eben jene Einnahmen und
Zahlen, die ich Ihnen in meinem „Antwortschreiben" mitgetheilt habe,)
nun erst dazu übergeht, das Einkommen der Einzelnen
zu berechnen. Er fährt nämlich wörtlich fort, wie folgt: „Und es
beträgt daher das Einkommen des Einzelnen durchschnittlich
in der ersten Klasse 860, in der zweiten 291, in der dritten 125,
in der vierten 62 und in der fünften 14 Thlr.", während die früher
nachgewiesenen und in meinem Antwortschreiben abgedruckten fünf

Klassensätze betrugen, wie Sie sich erinnern, in der ersten Klasse über 1000, in der zweiten 400—1000, in der dritten 200—400, in der vierten 100—200 und in der fünften unter 100 Thlr., so daß sich hier also auf den ersten Blick und ausdrücklich diese letzteren Sätze als durchschnittliches Familien-Einkommen darstellen, zum Unterschied von den Ihnen jetzt vorgelesenen Einkommen des Einzelnen. Die liberale Presse hat, wenn sie Wackernagel bekränzt, sich nicht einmal die Mühe gegeben, auch nur die von mir citirte Seite Dieterici's aufzuschlagen, sonst würde sie natürlich gesehen haben, welch' gründliche Entdeckung sie umjubelt!

Eben so hat Herr Wackernagel und die liberale Presse einge= wendet: es sei hier nur von der classensteuerpflichtigen Be= völkerung die Rede! Meine Herrn! Zunächst habe ich zu be= merken, es ist von Procentsätzen der Bevölkerung die Rede. Was will also jener Einwurf besagen? Die classensteuerpflichtige Bevölkerung betrug damals circa 14,500,000, die mahl= und schlachtsteuerpflichtige 2,000,000 Einwohner. Wenn man nun durch die Classensteuerrollen ge= funden hätte, wie sich die Einnahme unter den 14,000,000 der classensteuer= pflichtigen Bevölkerung vertheilt, wieviel Procent derselben 100, 2 und 300 Thlr. haben und sofort: wenn man das gefunden hat, so wird jeder Statistiker mit dem höchsten Recht von der großen Zahl von $14\frac{1}{2}$ Millionen auf die kleine Zahl von 2 Millionen fortschließen, und es kann dabei eine für die Gesammtbevölkerung statistisch nennenswerthe Abweichung gar nicht stattfinden. Der Procentsatz bleibt also immer= hin derselbe, selbst wenn Dieterici nur von der classensteuerpflichtigen Bevölkerung spräche. Aber auch das ist nicht wahr! Sie finden auf derselben Seite, daß er bei seiner Berechnung ausdrücklich die Zahl von 16,331,187 Einwohner d. h. die damalige Gesammt= einwohnerzahl des Staates unterstellt, die Zahl der classensteuerpflich= tigen plus der schlacht= und mehlsteuerpflichtigen Bevölkerung! — Sehen Sie, meine Herren mit solchem Mob und solchen Entstellungen hat man zu streiten! Ich habe manche schwere Arbeit bereits hinter mir in meinem Leben, aber wenn ich ein Herkules wäre, so wäre dieß hier sicher meine Augiasarbeit. *)

---

*) Dagegen hat sich in die Anmerkung zu S. 80 meines „Antwort= schreibens" ein, obwohl in seinem Resultat bis zur Unmerklichkeit geringfügiger Rechnungsfehler eingeschlichen. Ich sage nämlich in dieser nachträglich bei der Correctur in Eile hinzugefügten Anmerkung: „Immer repräsentirt hiernach der classensteuerpflichtige Kopf noch im Durchschnitt eine Familie von über 3 Personen" und gelange zu diesem Resultat dadurch, daß ich die dermalige Zahl von Classensteuerpflichtigen (4,950,454) zu der Zahl von 16,331,187 Seelen in Verhältniß brachte. Sie mußte aber statt dessen in Verhältniß gebracht werden zu der Zahl von ca. $14\frac{1}{2}$

Weil es nun aber einmal Herrn Wackernagel und der liberalen Presse gefällt, jene Dietericische Berechnung nicht gelten lassen zu wollen und weil sich zahlmäßig nach dem vorliegenden Material nicht ermitteln läßt, wie groß einerseits in den 5 Steuerclassen die auf dieselbe Familie kommende Zahl von Steuerpflichtigen ist, und zugleich andererseits wie groß die Zahl der Familienglieder in der unteren Classe im Verhältniß zu der geringen Zahl in den obern ist, so wollen wir einmal von Dieterici's Berechnung ganz abgesehen und auf andere und noch viel schärfere Weise dieselben Resultate feststellen; dabei will ich Ihnen indeß zunächst zeigen, wie Männer von Fach- und Sachkenntniß über solchen Nachweis, wie ihn Dieterici gegeben, urtheilen.

Schon 1848 hatte Geheimrath Dieterici im 2. Band der Mittheilungen des statistischen Büreau's eine viel weniger genaue, eine weit summarischer angelegte Berechnung über die Einnahmeverhältnisse auf Grund der Steuerlisten von 1846 gegeben, wobei übrigens dießmal Einzelnsteuernde und Familien getrennt waren. Das Resultat war folgendes: daß von den Familien 2³/₄% über 1100 Thlr. Einkommen haben, 9% zwischen 500—937 Thlr. und 88% auf der untersten Stufe

---

Millionen, welche damals die Zahl der classensteuerpflichtigen Bevölkerung war, (im J. 1853 betrug dieselbe genau 14,823,356 Seelen, s. Dieterici, Bd. VII, p. 206). Dann ergibt sich, daß der classensteuerpflichtige Kopf noch im Durchschnitt eine Familie von 2,⁹⁹/₁₀₀ Personen repräsentirt und es sind also die Worte „im Durchschnitt eine Familie von über 3 Personen" der bis zur Unmerklichkeit geringfügigen Aenderung zu unterwerfen in die Worte: „im Durchschnitt eine Familie von über 2⁹/₁₀ Personen". Und eben so berichtigen sich dann die aus der Anmerkung nachträglich in den Text eingeschalteten Worte „und fällt also durchschnittlich auf eine Familie von 5 oder mindestens 3 Personen" in die Worte: „fällt also durchschnittlich auf eine Familie von 5 oder mindestens über 2⁹/₁₀ Personen!"

Das ist der ganze Irrthum, der in jene Berechnung untergelaufen! Diesen hätte Herr Wackernagel berichtigen können und sollen, statt aller Entstellungen und all' des verkehrten Kohls, den er hierüber macht. Dieser unmerkliche Irrthum entstand einfach dadurch, daß ich, da die heutige Zahl der classensteuerpflichtigen Bevölkerung bei der inzwischen auf ca. 18 Millionen gestiegenen Gesammtbevölkerung ungefähr 16 Millionen beträgt — Zahlen, welche gerade von anderen Arbeiten her meinem Gedächtniß vorschwebten — bei der Eile der nachträglichen Anmerkung nicht mehr genau zusehend in der von Dieterici Bd. IV, p. 223 blos gelegentlich erwähnten Gesammtzahl von 16,831,187 Menschen, die Gesammtzahl der classensteuerpflichtigen Bevölkerung statt der Gesammtzahl der Bevölkerung vor mir zu haben glaubte.

ständen von 125—375 Thlr. Was die Einzelsteuernden betrifft, so waren gar 96 % derselben der alleruntersten Classe zugehörig gefunden worden mit einem Einkommen von 30—60 Thlr.; höchstens 120 Thlr. Dieterici machte dabei selbst, wie ich übrigens auch in meiner Broschüre gethan habe, darauf aufmerksam, daß diese Berechnung auf eine positive zahlenmäßigbestimmte Genauigkeit natürlich als Durchschnittsberechnung keinen Anspruch habe. Herr Abam Soetbeer in Hamburg auch ein Freihändler und Bourgoisökonom, also ein Anhänger der wissenschaftl. Ueberzeugung, die ich bekämpfe, aber doch ein Mann von Fach und Sachkenntniß, sagt, indem er diese frühere Liste Dieterici's in seiner Ausgabe von J. St. Mill's Werken Bd. II. p. 147 abdruckt, wörtlich auf jene Bemerkung Dieterici's wie folgt: „Was aber jedenfalls aus den beiden vorstehenden Uebersichten, wie wenig sie auch auf völlige Genauigkeit Anspruch machen können, augenscheinlich hervorgeht, ist die außerordentlich kleine Anzahl der Personen aus den höhern Ständen und mit bedeutendem Einkommen, und selbst des Mittelstandes, im Verhältniß zu der sehr großen Menge Derjenigen, welche entweder nur einen ganz unbedeutenden Besitz haben, oder ohne allen Besitz sind und, wie man sagt, von der Hand in den Mund leben." So Soetbeer; so äußert sich über diese Dieteri= ci'sche Liste, und zwar über eine viel summarischer berechnete, ein Mann von Sachkenntniß. Genau zu diesem Behufe, zu diesem Nachweis hatte ich Ihnen diese Dieterici'schen Berechnungen mitgetheilt, nicht zum Behuf einer arithmetisch festen Zahl, welche die Statistik weder geben kann, noch ein Interesse hat zu geben.

Gehen wir nun aber dazu über, die Einnahmen = Verhält= nisse der Bevölkerung jetzt in viel schärferer und genauerer Weise festzustellen, als dieß auf Grund der Steuerlisten pro 1850 noch möglich war. Ich hatte in meinem Antwortschreiben jene Dieterici'sche Berechnung nur ausgewählt, weil ihr Re= sultat in wenigen kurzen Zeilen mitgetheilt werden konnte; durchaus nicht deßhalb, weil sie mir für meinen Zweck günstiger geschienen hätte, als andere Berechnungen. Jetzt aber werde ich Ihnen eine andere Berechnung geben, so unerbittlich scharf, daß nichts mehr bei ihr verdunkelt und verwirrt werden kann, eine Berechnung viel genauer und positiver als jene statistische Durchschnittsberechnung; und nur noch ungenau in dem Sinn, daß sie die Zahl der Bemittelten noch größer erscheinen lassen wird, als sie in Wirklichkeit sein kann. Wir wollen nämlich statt des durchschnittlichen Verhältnisses der Ge= sammtbevölkerung etwas Anderes berechnen, was in der Statistik immer viel leichter ist.

Wir wollen nämlich einmal die Zahl der Bemittelten in der Nation berechnen und sehen, was und wie viel dann für die Un= bemittelten übrig bleibt. Wir haben zu einer solcher viel schärferen Berechnung in dem neuen preuß. Classen= und Einkommen=Steuer=Ge=

fetz vom 1. Mai 1851 eine vortreffliche, viel genauere Grundlage bekommen, als das alte Classensteuergesetz von 1820. Nach diesem Classen= und Einkommensteuer=Gesetz, meine Herrn, wird Jeder, der über 1000 Thlr. Einkommen hat, in ganz Preußen zur classificirten Einkommensteuer eingeschätzt. Im Jahre 1854 hat der Staat die Resultate der Steuerliste pro 1853 im statistischen Büreau, Band 7, p. 179 bis 195, veröffentlicht. Wie viel Personen, glauben Sie nun wohl, waren damals in ganz Preußen, d. h. auf 17 Millionen Menschen, welche über 1000 Thlr. Einkommen hatten? Nicht mehr als die lächerlich kleine Zahl von 44407 Personen. Dieß ist nicht mehr eine Durchnittszahl, meine Herrn, dieß ist eine absolute Zahl, durch Addition gefunden, nicht durch Berechnung. Man kann freilich sagen, daß vor der Steuer Jedermann ein Interesse habe, sein Einkommen zu verbergen. Aber andererseits hat der Staat, da es sich dabei um seine Einnahme handelt, ein großes Interesse und viele Mittel in Händen, um diese Einnahmen auch richtig zu schätzen.

Man hört besonders bei uns in Preußen sehr viel klagen über Ueberschätzung bei der Steuer, und in der That sind nicht alle Leute in der Lage, nachzuweisen zu können, daß sie überschätzt sind, und nicht Alle wollen es, um nicht ihrem Credit zu schaden, so daß die wirkliche Annahme die sein muß, daß sich die Ueber= und Unterschätzten im Ganzen compensiren. Nehmen Sie aber selbst an, es bleibe noch ein surplus, eine Ueberzahl von Ueberschätzten übrig, nun, wie groß könnte die sein? Doch höchstens wieder ein Procentsatz der ganzen Zahl! Nehmen Sie 2 oder 3 Procent oder selbst 5 Procent. Wenn Sie selbst 5 Procent annehmen, so gäbe das bei einer Zahl von 44407 Personen nochmals 2000 Personen, also eine Zahl, die für unsere Berechnung gar nicht in Betracht kommt. Geh.=Rath Dieterici sagt, indem er dieß Resultat mittheilt, nach dem Abdruck der specificirten Liste, die ich gleichfalls zur Stelle habe und die Jeder hier einsehen kann, wörtlich: „Es sind hiernach überhaupt 44407 Personen zur classificirten Einkommensteuer veranschlagt. Nimmt man an, daß jede Person eine Familie oder einen Hausstand von 5 Personen repräsentirt, so sind dieß überhaupt 222,035 Seelen und von der Gesammtbevölkerung des Staates nur 1³/₁₀%, welche als Wohlhabende bezeichnet werden können." Dieß sind die eigenen Worte Dieterici's, die Sie hier nachlesen können. Also, wie sehr auch die liberale Presse zu fälschen suchen möge, es bleibt schon dabei! Sie hören Dieterici: es sind noch nicht 1¹/₃ Procent der Bevölkerung, die als wohlhabend bezeichnet werden können, und dabei gelangt Dieterici sogar zu dieser Zahl von 1¹/₃ Procent nur, indem er annimmt, daß Jeder jener 44,407, die über 1000 Thaler Einkommen haben, eine Familie von 5 Personen repräsentire. Das ist aber offenbar eine viel zu reichliche Annahme. Einmal sind viele Einzelsteuernde dabei, dann ist auch im Durchschnitt die Zahl der Familien=Mitglie=

der in der oberen, in der besitzenden Classe, viel geringer, als 5. Aber gehen wir weiter. Dieterici hat zwar ganz Recht, daß Jeder, der auf die Familie von fünf Köpfen nicht einmal 1000 Thaler Einkommen hat, durchaus nicht als wohlhabend bezeichnet werden kann; aber begnügen wir uns dabei nicht, gehen wir tiefer ein, berechnen wir die große unbemittelte Classe. Alle, die unter 1000 Thaler Einkommen haben, werden nach demselben Gesetze zur neuen Classensteuer herangezogen, und zwar sollen nach der Circular=Verfügung des Finanzministers vom 8. Mai 1851 Alle, die unter 500 Thaler haben, zu den beiden untersten Classen der Classensteuer geschätzt werden, und Alle, die nur 500 Thlr. oder darüber haben, in gewisser Abstufung zur 3. Classe. Die Gesammtzahl der zur 3. Classe Eingeschätzten betrug nach denselben, von dem Staate veröffentlichten Listen nicht mehr als 91,530 Personen. Hier muß ich bemerken, daß diese Zahl keine Procentzahl ist. Hier kommt also in Betracht, daß diese Zahl nur auf die classensteuerpflichtigen Ortschaften sich bezieht, nicht auf die Mahl= und Schlachtsteuerpflichtigen, die freilich nur ein geringer Bruchtheil der Bevölkerung sind. Die Bevölkerung der classensteuerpflichtigen Ortschaften betrug in jenem Jahre 14,800,000 Seelen und die der mahl= und schlachtsteuerpflichtigen nur circa den achten Theil davon, nämlich 1,800,000 Seelen*). Berechnen wir also, daß es unter der mahl= und schlachtsteuerpflichtigen Bevölkerung im Verhältniß ebensoviele Leute von 500 Thlr. Einkommen gibt, wie in der classensteuerpflichtigen, eine Berechnung, die Dieterici wiederholt macht und die allgemein in der Statistik üblich ist, — so erhalten wir noch 11260 Personen in dem ganzen Staat mit 500 Thaler Einkommen, zusammen 102,790 Personen. Nehmen wir nun an, daß jede derselben wieder eine Familie von 5 Personen repräsentirt, obgleich dieß doch nicht der Fall ist, da viel Einzelsteuernde und viele von schwächeren Familien dabei sind, so gibt das 513,950 Seelen, also nicht mehr als circa 3 Procent der Bevölkerung. Wer nun nicht einmal 500 Thaler Einkommen auf die Familie von 5 Köpfen hat, nun, der ist doch gewiß in gedrückter, dürftiger, unbemittelter Lage! Was ist also das Resultat dieses ganz genauen und positiven, nicht auf Durchschnittszahlen beruhenden Nachweises?

$1\frac{3}{10}$ Procent und Bevölkerung mit einem Einkommen von über 1000 Thaler und

3 „ mit einem Einkommen von über 500 Thaler und darüber,

Summa: $4\frac{3}{10}$ Procent der Bevölkerung.

Der große Rest, also $95\frac{7}{10}$ Prozent der Bevölkerung

---

*) S. Dieterici stat. Bür., Bd. VII, p. 206 sq.

mit einem Einkommen von unter 500 Thaler auf die Fami=
lie von 5 Personen! also jedenfalls in gedrückter, dürftiger Lage,
jedenfalls zu ben ganz unbemittelten Classen gehörend! Was hatte ich
Ihnen in meinem Antwortschreiben gesagt? 89—·96 Procent der Bevölke=
rung in gedrückter Lage. Es bleibt dabei, wie Sie sehen, und stellt sich
fast noch schlimmer heraus, und wenn Herr Wackernagel und die liberale
Presse vor Wuth über ihre vergeblichen Fälschungsversuche auch ber=
sten!*) Ja wohl, meine Herren. Man will Ihnen Ihre Zahl ver=
bergen, um Ihnen Ihre Macht zu verbergen, denn Nichts fehlt
Ihnen zur Macht, als das Bewußtsein! Darum eben besteht
überall eine Verschwörung gegen Sie, Ihnen diese Thatsachen und
Zahlen zu fälschen; aber ich werde alle Fälschungen zerstören, und
möge man platzen vor Wuth! Ich will wegen der vorgerückten Zeit
anderes statistisches Material über diese Frage, welche dieß noch viel
genauer erwiesen hätte, fortlassen, aber kann dieses Resultat denn
überhaupt Verwunderung erregen? Jeder, der im geringsten Statistik
getrieben, weiß, daß dem so ist und in allen großen Staaten ganz
so ist, wie bei uns, und es gehört die größte Unerfahrenheit in der
statistischen Literatur dazu, dieß zu bezweifeln oder darüber verwun=
dert zu sein. Es constatirt z. B. der Präsident Lette in Berlin, den
meine Gegner ja um so mehr gelten lassen müssen, als er eine ihrer
Autoritäten ist, in seinem Werke über die Vertheilung des Grund=
Eigenthums, daß nach der neuen Constatirung in Frankreich 346,000
ländliche Wohnungen gezählt werden, welche gar kein Fenster,
sondern nur eine Thür haben, und 1,817,328 ländliche Wohnungen,
welche nur ein Fenster und eine Thür haben, also 2,163,328
Wohnungen, deren Einwohner, die man hiernach auf über 10 Mill.
Menschen schätzen muß, im höchsten menschlichen Elend sich be=
finden. Nach dem französischen Statistiker Baron v. Morogues ha=
ben 7,500,000 Menschen in Frankreich jährlich nur 91 Frcs., d. h.
24 Thlr. 4 Sgr. zu verzehren. Wenn Sie das Werk nachsehen,
welches der preußische Staat im Jahre 1849 veröffentlicht hat, be=
titelt die ländliche Arbeiterfrage von Prof. v. Lengerke, hervorgegan=
gen aus den Berichten der landwirthschaftlichen Vereine in ganz Preu=
ßen, so werden Sie sehen, daß sich unsere ländliche Bevölkerung ge=
nau in derselben Lage befindet. Ich unterlasse, Ihnen Mittheilungen
daraus zu machen, die ich vorbereitet hatte, weil die Zeit bereits zu
sehr vorgeschritten ist.

Freilich, selbst einer der aufgeklärtesten Geister, die sich heute
unter uns befinden, · warum sollte ich ihn nicht nennen, es ist

---

*) Ueber die neuesten Fälschungen des Herrn Wackernagel in der
„Deutschen Allg. Ztg." vom 7. Juni sieh im Anfang den Aufsatz: „Herr
Wackernagel und der moderne Herostratus."

Dr. Büchner, — hat mir geschrieben: Ich will Dieterici's Zahlen nicht bezweifeln, aber das muß ich sagen, wenn das so ist, so begreife ich nicht, warum die Hälfte der preußischen Bevölkerung nicht schon lange Hungers gestorben ist!

Ich werde ihm eine Antwort hierauf geben, blendend vor Einfachheit; eine Antwort, die ihn umsomehr zufriedenstellen wird, als er sich selbst schon an einer Stelle seines Berichtes auf eine Erwägung ähnlicher Art hingestoßen hat. Hungersterben, meine Herren, kann in einem doppelten Sinne genommen werden. Ja, so im Augenblick hinfallen, tobt sein im Moment vor Hunger, — das geschieht sehr selten; aber wenn man fortbauernd eine größere Verausgabung von Kräften vornimmt, als man in Folge zu schlechter Lebensmittel und einer zu schlechten Lebensweise überhaupt wieder ersetzen kann, wenn also die Ausgabe von Kräften beständig die Einnahme überschreitet, so stirbt man auch Hungers im Laufe der Zeit. Das Nähere hiervon kann Ihnen Herr Dr. Büchner, der ein berühmter Physiologe ist, viel besser im Einzelnen auseinandersetzen, als ich. Nur daß dieses Hungersterben dann gerade so lange dauert, daß man vollauf Zeit hat, Kinder in die Welt zu setzen. So vermehrt sich die Bevölkerung und die Arbeiterclasse, und der Prozeß des Hungersterbens ist dennoch ein permanenter. Daß dieß aber der Fall und inwiefern dieß der Fall, das werde ich Ihnen jetzt durch schlüssige Thatsachen belegen.

In England ist die mittlere durchschnittliche Lebensdauer nach Mac Culloch*) 34 1/3 Jahr. Aber in den Fabrikstädten, wo die Arbeiterbevölkerung überwiegt, da steht die Sache ganz anders: in Leebs ist der Durchschnitt der mittleren Lebensdauer 21 Jahre; in Manchester 20, in Liverpool gar nur 17 Jahre. Sie finden diese Thatsache in den Berichten, welche die Untersuchungscommissionen des englischen Parlaments selbst veröffentlicht haben. Damit aber Niemand sagen kann, daß ich ihn auf ein zu schwer zugängliches Material hinweise, so werde ich bemerken, daß Sie diese Daten in Kürze mitgetheilt finden können bei Rau, Volkswirthschaftslehre, Band 1, § 524. Aber noch ganz andere Resultate erblicken Sie, wenn Sie in denselben Städten die Sterblichkeit der verschiedenen Classen betrachten. Untersuchen wir also die Sterblichkeit in derselben Localität.

In Preston stirbt unter den Reichen und höheren Beamten jährlich 1 auf 47,[39] unter den kleineren Gewerbsleuten aller Art jährlich 1 auf 31,[68] und unter den Lohnarbeitern jährlich 1 auf 18,[28]. In Brüssel unter den höheren Ständen jährlich 1 auf 50,[6] unter den kleinen Gewerbsleuten jährlich 1 auf 27 und unter den Tagelöhnern 1 auf 14 jährlich. Sie können dies bei Ducpetiaur, dem berühmten Ge-

---

*) Statist. Account. I, p. 416.

neralinspektor der belgischen Gefängnisse, finden*). Oder blicken Sie auf Paris. In dem zweiten Arrondissement stirbt jährlich 1 auf 71, in dem 12. Arrondissement, dem ärmsten Viertel der Stadt, jährlich 1 auf 44**). Gehen Sie nach Manchester: da theilte der Arzt Holland die Straßen in 3 Classen und jede Classe nach der Güte der Wohnung in drei Unterclassen, und die Sterblichkeit variirt von 1 auf 51 in der besten, zu 1 auf 25 Menschen in der schlechtesten Wohnungsclasse***). Sie sehen, es verhält sich so, wie ein berühmter Franzose gesagt hat: „Aisance est vitalité", „Wohlstand ist Lebenskraft". Sie können aus der Sterblichkeit in Ihrer Classe schließen, um wie viel geringer Ihre durchschnittliche Lebensdauer ist als die der Reichen; aber ich will Sie nicht auf einen Schluß verweisen. Ich will Ihnen das in Zahlen mittheilen. Im englischen Parlamentsbericht von 1842 hat Dr. Chadwick die Bevölkerung in 3 Classen zerlegt, eine gut situirte, eine mittlere und eine dritte, die von dem Arbeiter gebildet wird. Er hat nachgewiesen, daß bei diesen 3 Classen die mittlerer Lebensdauer folgende ist: In Manchester für die 1. Cl. 38 Jahre, für die 2. Cl. 20 und für die 3. Cl. 17 Jahre; in Leeds 1. Cl. 44 Jahre, 3. Cl. 19 Jahre; in Liverpool 1. Cl. 35, 3. Cl. 15 Jahre; in dem District Bethnalgreen in London 1. Cl. 45, 3. Cl. 16 Jahre. Sie können dies bei Ducpetiaux finden†). Glauben Sie aber nicht, es sei dieß blos im Ausland so. Gehen wir nach Berlin, da lebt jetzt Geheimrath Engel, zur Zeit der erste Statistiker Deutschlands; der publicirt in den Zeitschriften des statistischen Büreaus, Jahrgang 1862, — also ganz nagelneu — eine Tabelle über die in Berlin im Jahre 1855 bis 1860 Gestorbenen und berechnet dann das Durchschnittsalter, das in den verschiedenen Berufsclassen erreicht wurde: demnach erreichen die Rentiers und Particuliers durchschnittlich ein Alter von 66½ Jahren, die Maschinenbauer nur eines von 37½ Jahren, die Buchbinder sogar nur von 35 und die Tabaksspinner, Cigarrenmacher endlich nur eines von 31 Jahren. Und dennoch hat man in Berlin fertig gebracht 500 Arbeiter, — man hat sich freilich sehr gehütet, mich aufzufordern unter sie zu treten — gegen mich entscheiden zu lassen, es dürfe ihnen nicht geholfen werden! Und noch ist ein fünfjähriger Zeitraum viel zu kurz, um das Verhältniß in seiner ganzen normalen Schärfe hervortreten zu lassen. Auch ist noch Berlin keine eigentliche Fabrikstadt und wir gehen noch ganz andern Zuständen entgegen. Von der großen

---

*) Ducpétiaux, de la mortalité a Bruxelles, 1844

**) S. Villermé im „Journal des Economistes", Novbr. 1853.

***) Report of inquiry into the state of large towns and populous districts, s. Roscher 1, p. 477.

†) Ducpétiaux de la condition physique et mor. Tom. I, p. 176.

Fabrikstadt Mühlhausen im Elsaß hat der berühmte französische Statistiker Villermé nachgewiesen, daß die wahrscheinliche Lebensdauer der
Kinder der Fabrikanten das Alter von 30 Jahren beträgt. Mit anderen Worten, daß die Hälfte der Fabrikantenkinder, die in einer
zwölfjährigen Periode geboren wurden, dieses Alter erreicht hat, während die wahrscheinliche Lebensdauer der Kinder der Spinner, der Weber, der Schlosser in Mühlhausen noch nicht zwei Jahre beträgt.
Mit anderen Worten: daß die Hälfte der Kinder der Spinner, Weber, Schlosser in Mühlhausen vor dem vollbrachten zweiten
Lebensjahre stirbt!*)
(Rufe: Schluß. Schluß. — Weiterreden. Weiterreden.)
Präs. Dr. Büchner: Ich muß Sie sehr bitten, m. H., den Redner nicht zu unterbrechen. Bedenken Sie, daß wir Herrn Lassalle allen Raum zu seiner Vertheidigung bewilligen müssen, dessen er bedarf.
Lassalle: Ich muß gegen das Wort protestiren, welches dem Herrn
Präsidenten entschlüpft ist und das er wohl selbst nicht wird aufrecht
halten wollen. Ich stehe hier nicht in der Lage eines Angeklagten der
sich zu vertheidigen hat. Ich stehe lediglich in der Lage eines Mannes, der Sie unterrichten und belehren will, und nicht der
sich vertheidigt! (Großer Beifall.) Ueberdieß bedenken Sie, daß ich
nicht zu meinem Vergnügen spreche. Ich bin bereit, sofort aufzuhören,
wenn die Majorität der Versammlung es will. (Wiederholter Beifall.)
Ducpetiaux sagt**): „Die Hälfte der Spinnerkinder stirbt, ehe
sie das erste Jahr zurückgelegt haben, während bei Unternehmern und
Kaufleuten die Hälfte der Kinder das Alter von 30 Jahren erreicht."
Wenn Ihnen Ihre Kinder sterben, m. H., so glauben Sie, das sei ein
Zufall. Es ist kein Zufall, wie Sie sehen, es ist ein eisernes statistisches
Gesetz, wurzelnd in Ihrer schlechten Lage! Lassen Sie mich diesen Ab-
schnitt mit den Worten des neuesten Bevölkerungsstatistikers, Professor
Wappaeus in Göttingen, schließen, er sagt in seinem 1858 erschiene-
nen Werk: „Allgemeine Bevölkerungsstatistik***): „Aus diesen muster-
haften Untersuchungen — er spricht nämlich von Villermé, dessen Resultate ich Ihnen soeben mitgetheilt — geht unter Anderem hervor,
daß unter den Fabrikarbeitern die in Spinnereien und Webereien beschäf-
tigt sind, in allen Lebensperioden die größte Sterblichkeit sei. Während nach den
Daten der zwölfjährigen Periode von 1823—34 die Hälfte der Kinder
der Fabrikanten das 29. Jahr erreicht hat, hat die Hälfte der Kinder der Spinner und Weber, man wagt es kaum zu glauben
vor dem beendigten 2. Lebensjahr zu existiren aufgehört! Diese

---

*) Villermé, Tableau de l'état phys. et mor. T. II, p. 374—386.
Ducpétiaux, de la cond. T. I, p. 175.
**) A. a. O.
***) Bd. I, p. 313.

furchtbare Sterblichkeit ist dem Elende der Eltern zuzuschrei=
schreiben und besonders demjenigen der Mütter, welche ihre Säuglinge
jeden Tag nur während der geringen Zahl der Stunden, die sie bei
ihnen zubringen, die Brüste geben können und sie während der übrigen
Zeit ohne alle Pflege lassen. Als anderes Resultat der Untersuchung
ergibt sich auch hier wieder, daß der verhältnißmäßige Tribut, welcher
dem Tode bezahlt wird, immer in directem Verhältnisse steht zu der
schlechten Lebenslage in der man sich unter sonst gleichen Umständen befindet."
Sie setzen, m. H., die Männer der Wissenschaft zittern, in=
dem sie dies furchtbare Resultat niederschreiben — und wenn Ihnen nun
an Weib und Kind und an Ihrem eigenen Dasein Nichts liegt, Alles
zu Gunsten der eigennützigen Manchester=Theorie, daß der Staat nicht
in die gesellschaftlichen Verhältnisse eingreifen dürfe — nun dann ent=
scheiden Sie meinetwegen gegen mich! (Pause.)
Obgleich ich selbst das Bedürfniß empfinde, meine Herren, end=
lich mit der Statistik zu Ende zu kommen, so muß ich doch noch
einen kurzen statistischen Blick auf die Frage werfen, ob es wahr,
was die Herren Bastiat, Schulze, Faucher, kurz die Manchester=Män=
ner, Ihnen vorsingen, dieses Eiapopeia, daß mit dem Fortschritt der
Industrie und des Nationalreichthums auch Ihre Lage sich entspre=
chend verbessere. Nur wenige Daten: bis zum Jahre 1783, also
bis zum Aufkommen der Fabriken, war die mittlere Lebensdauer in
Preston, wie in den englischen Parlamentsberichten nachgewiesen ist,
31²/₃ Jahre, seitdem ist sie an diesem Orte auf 19¹/₂ Jahre gefallen.
Sie können dieß bei Rau Thl. 1 §. 389 b nachsehen. So sehr
hat sich Ihr Loos verbessert durch das Steigen des Nationalreich=
thums und der Max Wirth'schen Industrieblüthe! Oder betrachten
Sie, um die relative Ungenauigkeit der Sterblichkeitslisten aus ver=
schiedenen Zeiträumen zu vermeiden, die Ausweise der englischen Ar=
men=Steuerlisten. In welchem Lande hat sich der Nationalreichthum,
das Nationalkapital stärker entwickelt, als in England? Betrachten
Sie nun folgende Zahlen. Nach den officiellen englischen Armen=
steuerlisten wurden 1840 8²/₁₀ % der Bevölkerung, drei Jahre spä=
ter, 1843, schon 9¹/₂ % der Bevölkerung, und fünf Jahre später,
1848, schon 10⁴/₅ % der Bevölkerung aus öffentlichen Mitteln unter=
stützt *). Also, meine Herren, bemerken Sie wohl: nicht die Zahl der
aus öffentlichen Mitteln Unterstützten blos ist gewachsen, das wäre
ganz natürlich wegen des Wachsens der Bevölkerung selbst, sondern
die Verhältnißzahl ist gewachsen. Auf dieselbe Zahl von Per=
sonen kommen 1843 und 1848 mehr, und zwar 25% mehr Arme,
aus den Armenmitteln Unterstützte, als im Jahre 1840. Sie sehen
also, es verhält sich so, wie ich Ihnen in meinem Antwortschreiben
gesagt habe. Ihre Lage in einer Gesellschaft, in welcher Jeder auf

*) S. die Listen im II. Bd. der Goetbeer'schen Ausg. von J. St. Mill.

feine individuellen Hülfsmittel gewiesen bleibt, geht nicht nach oben mit dem Steigen des Nationalreichthums. Sie sehen, es ist so, wie Robbertus Ihnen noch schärfer sagt: „Die Richtung Ihrer Lage in einem sich selbst überlassenen Verkehr geht nach unten." Und wie sollte dieß nicht der Fall sein? Je mehr die große Industrie sich entwickelt, desto mehr setzt sich die große Fabrikation, d. h. die Fabrikation mit Maschinen und großem Kapital, an die Stelle des kleinen selbstständigen Handwerks, und desto mehr werden also die Leute aus selbstständigen Handwerkern in Lohnarbeiter verwandelt. Ferner: selbst innerhalb des Handwerkes findet durch die industrielle Entwickelung dieselbe Erscheinung statt, daß auch das Handwerk selbst in einer fabrikartigen Weise betrieben wird, d. h. mit großem Kapital und mit einer sehr großen Anzahl von Gesellen, so daß also immer weniger Leute zur Selbstständigkeit und zur Arbeit auf eigene Rechnung gelangen. Dieses will ich Ihnen wiederum sofort zahlenmäßig statistisch nachweisen. Im statistischen Bureau von Dieterici B. 7. S. 328 finden Sie auf Grund der amtlichen Gewerbs= tabellen Preußens einen Nachweis über die Veränderung in der Zahl der Meister und der Gesellen in Preußen in den drei Jahren 1849 —1852. Die Bevölkerung überhaupt hat in jenen drei Jahren zu= genommen um 3,30 %, die Zahl der Meister bloß um 3,28 %, also nicht ganz Schritt gehalten, sondern sich etwas verringert im Ver= hältniß zur Entwickelung der Bevölkerung; die Zahl der Gesellen aber hat zugenommen um 9½ %. Mit anderen Worten: die Zahl der Gesellen hat sich dreimal so stark vermehrt, als die Be= völkerung und dreimal so stark als die Zahl der Meister, d. h. übersetzt aus der Zahlensprache in die Wortsprache: auch das Hand= werk verliert mehr und mehr den goldenen Boden, den es im Sprüch= wort und früher einmal auch in der Wirklichkeit hatte. Auch im Handwerk greift der fabrikartige Großbetrieb immer mehr um sich, bei welchem immer mehr Gesellen auf einen Meister kommen und immer weniger Leute zur Arbeit auf eigene Rechnung durchbringen; und somit verschlechtert nothwendig die Entwickelung der Industrie auch die Lage der Handwerker. — Ferner aber: mit der Entwickelung der Industrie steigt die Bevölkerung, und je mehr die Bevölkerung steigt, desto mehr steigt der Preis des Getreides und mit ihm hält der Arbeitslohn nur sehr unvollkommen Schritt, worüber ich Sie auf die Geschichte der Preise von Tooke verweisen will. Ich hatte Mittheilungen aus diesem Werke vorbereitet, will sie aber zu Gunsten größerer Kürze unterdrücken.

Ihr deutsche Arbeiter seid merkwürdige Leute! Vor fran= zösischen und englischen Arbeitern, da müßte man plaidiren, wie man ihrer traurigen Lage abhelfen könne, Euch aber muß man vorher erst noch beweisen, daß Ihr in einer traurigen Lage seid. So lange Ihr nur ein Stück schlechte Wurst habt und ein Glas Bier, merkt Ihr das gar nicht und wißt gar nicht, daß Euch Etwas fehlt! Das kommt aber von Eurer verdammten Bedürfnißlosigkeit! Wie, werdet Ihr sagen, ist die Bedürfnißlosigkeit denn nicht eine Tugend? Ja vor dem christlichen Moralprediger, da ist die Bedürfnißlosigkeit allerdings eine Tugend! Die Bedürfnißlosigkeit ist die Tugend des indischen Säulenheiligen und des christlichen Mönches; aber vor dem Geschichtsforscher und vor dem Nationalökonomen, da gilt eine andere Tugend. Fragen Sie alle Nationalökonomen: welches ist das größte Unglück für ein Volk? Wenn es keine Bedürfnisse hat. Denn diese sind der Stachel seiner Entwickelung und Kultur. Darum ist der neapolitanische Lazzarone so weit zurück in der Kultur, weil er keine Bedürfnisse hat, weil er zufrieden sich ausstreckt und in der Sonne sich wärmt, wenn er eine Handvoll Macaroni erworben. Warum ist der russische Kosak so weit zurück in der Kultur? Weil er Talglichte frißt und froh ist, wenn er sich in schlechtem Fusel berauscht. Möglichst viel Bedürfnisse haben, aber sie auf ehrliche und anständige Weise befriedigen — das ist die Tugend der heutigen, der nationalökonomischen Zeit! Und so lange Ihr das nicht begreift und befolgt, predige ich ganz vergeblich! (Großer Beifall auch von den Logen.)

Jetzt also zur Frage: Kann Ihnen denn nicht geholfen werden? Und können Ihnen die Schultze=Delitzschen Associationen helfen, oder wenn nicht, würde der von mir vorgeschlagene Weg: Ihre Association ermöglicht durch eine Credit=Operation des Staates, Ihnen helfen, und was ließe sich gegen dieses Mittel sagen? Was hat Herr Schultze=Delitzsch in dem Vortrage, welchen er in Berlin gegen mich gehalten hat, gegen meine Broschüre einzuwenden gewußt? Ich habe in meinem Antwortschreiben gezeigt, daß sowohl Rohstoff= und Vorschuß=, wie Consumvereine, dem Arbeiterstande unmöglich helfen können, daß sie nur Einzelnen eine und zwar sehr beschränkte Hülfe und zwar auch diese gerade nur auf so lange gewähren können, bis diese Vereine eine erhebliche Zahl Ihres Standes ergriffen haben; daß aber, sowie dieß eintritt, auch diese geringfügige Hülfe sofort verschwinden muß. Ich habe dieß mit Nothwendigkeit aus dem ehernen Arbeitslohngesetz entwickelt. Diesem Gesetze zu widersprechen, dazu hatte Herr Schultze=Delitzsch die nöthige Dosis von Unmöglichkeit nicht, das hat er nicht gethan. Dieß war ein Regal des Herrn Max Wirth. Widerspricht er aber dem Gesetze nicht, so konnte er noch weniger der daraus entwickelten Folgerung widersprechen. Was that Herr Schultze? Er hat auf diesen Nachweis, der für ihn den wichtigsten Punkt seiner Antwort bilden mußte, nicht mit einer Sylbe geantwortet. Er gibt somit indirect Alles zu, was ich über die Unmöglichkeit, durch seine Bestrebung eine Verbesserung der Lage Eures Standes zu erwirken, gesagt habe; ja an einer Stelle, die ziemlich unklar geschrieben ist, scheint er sogar selbst zu gestehen, daß auf die Dauer jene Vereine nicht helfen können und würden und nur in der Productiv-Association eine wirkliche Hülfe zu finden sei.

— Aber zweitens: Ich hatte Herrn Schulze-Delitzsch in meinem Antwortschreiben zwar mit großem Anstand behandelt, mit viel größerem, als seine Anhänger mir zu erwidern gewußt haben, aber sachlich mußte ich wahr sein, und sachlich hatte ich daher den harten Vorwurf erhoben, daß er durch seine Lehre, daß sich mit dem steigenden Nationalkapital auch Ihre Lage bessere, Sie täusche und hintergehe. Ich hatte dieß ausführlich nachgewiesen; kein Wort der Erwiderung hat Herr Schulze auf diesen meinen Nachweis gefunden.

Haben wir jetzt gesehen, was Herr Schulze n i c h t beantwortet hat, so wollen wir nun sehen, w a s er beantwortet hat. Herr Schulze sagt selbst, daß er die Productiv-Association wolle, so gut wie ich, er geräth sogar dadurch mit seinen eigenen Anhängern in bedenklichen Widerspruch. Ich erinnere mich mindestens, dieser Tage einen Artikel des Frankfurter Journals gelesen zu haben, worin ausdrücklich das Gegentheil behauptet und auch gesagt wurde, Schulze habe auch gar nicht den Fabrikarbeitern helfen w o l l e n, sondern bloß den kleinen Handwerks= meistern. Nun, sei dem, wie ihm wolle. Schulze beschwert sich darüber, daß ich behauptet hätte, e r w o l l e die Productiv = Association nicht. Nun, das habe ich n i r g e n d s gesagt; ich habe nicht ge= sagt, e r w o l l e sie nicht, ich habe nur gesagt, e r k a n n s i e n i c h t m a c h e n, und daß er sie nicht machen kann, das sollte er ja gerade aus den Resultaten seiner eigenen Thätigkeit erfahren haben. Ich habe hier seinen Vortrag, wie er abgedruckt war in der berliner Na= tionalzeitung. Er gibt darin einen kurzen Bericht über die Resultate seiner Thätigkeit. Nach diesem Berichte hat er eine erstaunliche Menge von Associationen hervorgerufen: 450 Vorschußbanken, 150 Rohstoff= Vereine, 30—40 Consum=Vereine, aber keine Productiv=Associationen, nicht e i n e n Verein für fabrikmäßige Großproduction, es sei denn einen kleinen Shawlweber=Verein, der mit e i n e m Webstuhl und, glaube ich, höchstens 50 Arbeitern, wie ich gehört habe, bestehen soll und den Herr Schulze selbst nicht einmal erwähnt. Das sind die Resultate von 15 Jahren. Sollte dieser Mann nicht an diesen Resultaten seiner eigenen Thätigkeit lernen können, daß es nicht geht, mit den leeren Taschen der Arbeiter Productiv=Associationen oder gar Associationen für fabrikmäßige Großproduction einzurichten? Aber dieser Mann ist so verliebt in seine kleinbürgerlichen Ideen, daß sogar diese seine eigene 15jährige Erfahrung ihn nicht belehrt! Wie sollen, meine Herren, bei der Leerheit Ihrer Taschen, mit Ihren eigenen Hülfsmitteln Productiv = Associationen hervorgerufen werden können in einem erheblichen Umfange? Und ich habe Ihnen in meinem Ant= wortschreiben nachgewiesen, daß sogar, wo dieß der Fall ist, wie in England, wo 50—60 derartige Associationen oder mehr bestehen, dennoch niemals dazu gelangt werden kann, Ihrem Stand durch die=

selben aufzuhelfen, sondern daß der Nutzen dieser Associationen sich
immer nur auf eine äußerst beschränkte Zahl von Einzelnen erstrecken
kann. Ich erinnere Sie an den Nachweis in meiner Broschüre, daß
die Association aus individuellen Mitteln den Arbeiterstand als sol=
chen niemals auch nur in einem irgend bemerkenswerthen Zahlenver=
hältniß umfassen kann. Welch' einen Einwurf hat also Herr Schulze=
Delitzsch gegen das von mir vorgeschlagene Mittel der Productiv=
Association, die er ja auch zu wollen behauptet, erhoben? Was hat
er gegen die Credit=Operation des Staates einzuwenden gehabt?

Er hat gegen mich ins Feld geführt das Princip: der Staat
dürfe nicht interveniren in den gesellschaftlichen Verhältnissen. Das ist der
einzige nicht auf Mißverständniß beruhende Grund, den er gegen mich
geltend gemacht hat, und das, ich sage es Ihnen selbst, das ist der
principielle Punkt, um den es sich bei dieser ganzen Agitation
handelt, und für den ich mich zu derselben erheben habe! Hier, mit
dieser Frage, steht und fällt die Schlacht, die ich schlage.
Schulze hat gegen mich in's Feld geführt das ganze Vorurtheil der
heutigen öffentlichen Meinung, der Staat dürfe um keinen Preis und
unter keinen Umständen in die Verkehrsverhältnisse interveniren. Nicht
für die Wissenschaft besteht dieses Vorurtheil — die ist heutzutage
schon lange darüber hinaus, aber für die öffentliche Meinung
der Gebildeten ist dieß heute noch ein Dogma, ein Glau=
benssatz! Was beweist das aber, meine Herren? Alle Wahr=
heiten von heute, die wir alle einstimmig anerkennen wür=
den, — es hat eine Zeit gegeben, wo man sie für falsch hielt
und wo die entgegengesetzten Meinungen das Dogma der gebildeten
Welt waren. Alle diese falschen Dogmen sind nur dadurch gestürzt wor=
den, daß sich muthvolle Männer dagegen erhoben, deren Ansichten
dann langsam und freilich nach großem Kampfe und Widerstreben um
sich griffen. Haben Sie mein Arbeiterprogramm gelesen? Wenn nicht,
so möchte ich Sie dazu auffordern. Ich weise darin nach, daß jede
Zeit Ein herrschendes Princip hat, daß das herrschende Princip der
heutigen Zeit das Capital ist, und daß zu jeder Zeit die öffentliche
Meinung unter der Herrschaft des herrschenden Princips,
heute also unter der Herrschaft und unter dem Prägestock des Ca=
pitals steht. Die öffentliche Meinung, das öffentliche Vorurtheil der
von dem Capital beherrschten Zeit — das ist eben nothwendig
gerade dieses: der Staat dürfe sich in keine gesellschaftlichen Fragen
mischen, die freie Concurrenz allein sei es, die Alles zu entschei=
den habe; jeder dürfe nur auf seine isolirten Kräfte als Einzelner
angewiesen sein. — Handelte es sich, m. H., um die Concurrenz zwi=
schen Capitalisten und Capitalisten, nun so wäre das sehr plausibel; aber
handelt es sich um die Concurrenz zwischen den Mittel= und Capital=
losen mit den Capitalisten, so ist diese Concurrenz ein Wettkampf
zwischen einem Bewaffneten und einem Unbewaffneten! Ueber=

dieß: Robbertus hat Sie darauf hingewiesen: wie sind die jetzigen Be-
sitzverhältnisse entstanden? Haben dieselben unter der Herrschaft der
freien Concurrenz begonnen? Sind die Grundlagen der heutigen Vermögensverhältnisse durch die freie industrielle Arbeit gelegt? Sie sind vielmehr das Produkt einer Vergangenheit von zwei Jahrtausenden. Diese
haben die Grundlage gelegt für die heutigen Verhältnisse des Besitzes.
In diesen zweitausend Jahren war erst Sklaverei, dann Leibeigenschaft,
dann Hörigkeit und daneben Zunftzwang. Das sind alles Staats-
institutionen gewesen, ganz positive Staatseinrichtungen.
Unter diesen Einrichtungen und durch diese gezwungen haben Sie,
resp. Ihre Vorfahren, als Sklaven, als Leibeigene, als zünftige Lehr-
linge und Gesellen für die jetzigen besitzenden Classen das Vermögen
producirt, das sie nun haben. Kam endlich die französische Revolution
und proklamirte die Rechtsfreiheit und die freie Concurrenz; aber
natürlich behielten die Besitzenden das Vermögen, die Waffen, die
Sie ihnen geschmiedet, und erlauben Ihnen nun, unbewaffnet, mit Ihren
Nägeln und Zähnen in den Wettkampf, in die freie Concurrenz mit
eben den Capitalien und Maschinen einzutreten, die Sie durch so viele
Jahrhunderte hindurch für jene erarbeitet haben. Und nun sollten die
Besitzenden kommen dürfen und sagen: der Staat darf Ihnen, den Arbeitern, durch keine Einrichtung irgend welcher Art die Concurrenz mit
dem Capital erleichtern, das Sie für jene durch tausendjährige Dienste,
zu denen Sie durch positive Staatseinrichtungen genöthigt waren, erworben haben? Wo bliebe da die Gerechtigkeit? Wo nur der Men-
schenverstand? Wollen die Besitzenden Ihnen gegenüber von „freier
Concurrenz" sprechen und daß Jeder nur auf seine isolirte Kraft
angewiesen sein soll, nun dann müßten sie, damit die Concurrenz
eben frei sei, die Umstände zuvor gleich machen. Dann müßten also
entweder die Besitzenden sich zuvor ihres Vermögens entäußern — was
unsinnig wäre — und gleichfalls nur mit ihren Muskeln und Nägeln
gegen Sie concurriren! Dann hätte ich Nichts dagegen! Dann wollten wir sehen, wer es weiter bringt! Diesen unsinnigen Weg werden
die Besitzenden natürlich nicht einschlagen. Oder aber, es muß mindestens, damit die Concurrenz frei sei, Ihnen gleichfalls Capital geliefert werden, damit Sie mit den Capitalisten wirklich concurriren können — und das ist ja gerade mein Vorschlag, das ist ja gerade Das, worauf mein Vorschlag praktisch hinausläuft, daß der Staat
durch eine Credit-Operation Ihnen die Capitalien liefere, damit Sie
dann in freie, gleiche Concurrenz mit den Capitalien treten können.
Diese freie Concurrenz wollen die Unternehmer aber nicht, sie wollen nur die ungleiche, unfreie Concurrenz mit Ihnen, die Concurrenz der Bewaffneten mit den Unbewaffneten, und daher der Lärm,
der sich gegen meinen Vorschlag erhoben hat. Diese freie Concurrenz,
wie man sie heute versteht, diese thatsächliche Abhängigkeit, in
welche Sie aus der frühern Rechts-Abhängigkeit hineingebracht

worden find, die hat Sie in vieler Beziehung noch viel weiter herun= tergebracht als die frühere Rechtsabhängigkeit, selbst. Die große In= dustrie und die freie Concurrenz — für die Welt im Allgemeinen, für uns Besitzende, ist sie eine Quelle von Reichthum und Segen gewesen; aber Ihre Lage hat sie in vieler Beziehung noch schlechter gestellt als früher; sie hat, um blos auf Einen Punkt hinzuweisen, die Arbeiten der Kinder in den großen Fabrikationszweigen eingeführt. Die Ar= beit der Kinder in den Fabriken datirt von der Erfindung der Ark= wright'schen Baumwollenspinn=Maschine am Ende des vorigen Jahr= hunderts. Das ist der Segen der Concurrenz für Sie, daß Ihnen jetzt Ihre eigenen Kinder Concurrenz machen können in einem Alter von 8, 7 und 6 Jahren, in welchem sie in die Schule gehören und nicht an den Webstuhl. Während früher der Vater die Kinder ernährte, so stechen jetzt häufig die Kinder, die natürlich mit geringerem Lohn vorlieb nehmen können, den Vater aus, ein naturwidriges Verhältniß, welches in England bereits die unsittlichsten Folgen nach sich gezogen hat. Und so hat die Concurrenz Ihnen sogar bereits die Familie vernichtet! Wenige Zahlen mögen hinreichen, Ihnen ungefähr den Um= fang dieser Verschlechterung zu zeigen. Nach dem Berichte des engli= schen Parlaments pro 1835 betrug schon damals auf 190,710 in Woll=, Baumwoll=, Leinen= und Seidefabriken beschäftigte erwachse= ne Arbeiter die Zahl der Kinder von 8—13 Jahren nicht weniger als 56,455 und die Zahl der Kinder von 13—18 Jahren 108,208, zusammen 164,663 auf 190,710 erwachsene Arbeiter, also 86% der Erwachsenen, und die Kinder zwischen 8—13 Jahren betragen allein 29% der Erwachsenen.*) Der Lohn der Kinder wechselt nach Villermé (II p. 111) von 25—75 Cent. je nach ihrem Alter, d. h. von 2—6 Sgr. Daß das dazu beigetragen haben muß, Ihren Lohn zu verringern können Sie Sich selbst denken und bei Villermé nachlesen. Oder hören Sie über diese Frage den Vater der preußischen Statistik, den wirkl. Geheimrath Hoffmann**). „So schlich sich," sagte er in seinen nachge= lassenen Schriften unter allgemeinem Beifall der Wohlwollenden und Verständigen, „ein Mittel zur Minderung des Lohnsatzes für die Hand= arbeit ein, dessen Folgen Greuel der Entsittlichung wurden, welche allerdings in solchem Umfang nur der neuesten Zeit angehört und namentlich mit den Spinn= und Webmaschinen zu solcher Aus= dehnung gelangte, daß jetzt der größte Theil einiger vorzüglich be= rühmten Fabrikorte darunter erliegt. Nur sehr kräftige Regie= rungen vermögen hier Einhalt zu thun und nur langsam fortschrei= tend ist eine Rückkehr zum Bessern möglich. So wie England voran=

---

*) First report on mills and factories pro 1835. — S. Ducpètiaux, de la Condition eto. I, p. 15.

**) Nachgel. Schrift. S. 224.

ging auf dieser verderblichen Bahn, so beginnt es jetzt voranzugehen durch Beschränkung der Befugniß, Kinder und Frauen zur Fabrikarbeit zu gebrauchen. Was bis jetzt hierin geschehen, ist allerdings noch bei Weitem unzureichend, dem Uebel zu steuern; indessen offenbart es doch eine Richtung der gesetzgebenden und vollziehenden Macht, deren endliches Ziel die Befreiung der Gewerbsamkeit von dem schmäh= lichen Vorwurf sein muß, daß sie die Vermehrung des Wohlstandes der Nation nur mit der Entsittlichung eines beträchtlichen Theiles derselben zu erkaufen vermöge." Und dabei ist es gar so weit, wie in England, bei uns noch nicht gekommen. Manches werden Sie indeß selbst erlebt und mit ihren eigenen Augen angese= hen haben, es ist schon Alles bei uns vorhanden, aber noch relativ geringer, die weitere Entwickelung kömmt eben noch.

So ist es gekommen, daß, wie Ch. Dupin in seinen forces productives konstatirt, 68% der militärpflichtigen Bevölkerung im Elsaß militäruntüchtig sind und in einigen andern Fabrikdepartements über 90%.

Wollen Sie, meine Herren, ehe Sie die Besserung Ihrer Lage in Angriff nehmen, warten, bis Sie ein Geschlecht von Krüppeln ge= worden?

In seiner Anwendung auf das Verhältniß der Kapitalisten zu den Arbeitern also ist das Princip, der Staat dürfe in keiner Weise eingreifen, die freie Concurrenz müsse Alles machen, das leerste und grausamste Vorurtheil von der Welt!

Ich spreche hier — denn jedes meiner Worte wird durch die weiteste Oeffentlichkeit getragen werden — ich spreche hier unter der Controle der gesammten Wissenschaft und also auf das Risico des ganzen Rufes, den ich mir durch lange und mühsame Arbeiten in der gelehrten Welt erworben habe. Nun, und ich nehme keinen Anstand Ihnen zu sagen, daß dieses Vorurtheil nicht nur ein Vorurtheil ist wie jedes andre auch, sondern eines der unintelligentesten, stupidesten und culturfeindlichsten, Vorurtheile die ich kenne!

Wie wenig ernsthaft es noch dazu von der Klasse gemeint ist, von der es ausgegangen, von den Manchester=Männern, das zeigen gerade die höchstinteressanten gegenwärtigen Ereignisse in England.

Sie sind unterrichtet von der Krise, die jetzt in Lancashire, in den Baumwoll=Distrikten in England stattfindet, dadurch stattfindet, daß in Folge des amerikanischen Krieges die Baumwollenzufuhr auf= gehört hat. In Folge dessen keine Arbeit, die Fabriken stehen still, die Arbeiter wollen auswandern.

Wie das die Fabrikherrn hörten, sagten sie sich: wenn die Ar= beiter jetzt in Masse auswandern und der Krieg später wieder zu Ende geht, und die Baumwollzufuhr von Neuem beginnt, dann ist die Zahl der Arbeiter erheblich vermindert. Dann müssen wir sehr hohe Löhne geben. Folglich ist es in unserem Interesse, die Arbeiter hier zu behalten, daß ihre Zahl nicht abnehme, damit, wenn die Zu=

fuhr wiederkommt, die Löhne so gering seien wie zuvor. Und nun verlang=
ten sie, der Präs. der Handelskammer zu Manchester, Mr. Potter, Par=
lamentsmitglied für Carlisle, verlangte, daß der Staat Geld bewillige, da=
mit die Arbeiter auf Staatsunkosten in der Zwischenzeit
fabriciren, wohlgemerkt, nur in der Zwischenzeit; für ihren
Vortheil verlangten sie, daß der Staat intervenire, um die Arbeiter
von der Auswanderung abzuhalten und dadurch später wieder niedrigere
Löhne zu haben. Selbst die „Times", dieses Bourgeois=Blatt, dem
selten einmal das Gewissen schlägt, sprach sich bei diesem Verlangen
mit Entrüstung und Hohn über diesen Widerspruch aus. Nun, also
meine Herren ich sage: Dieses Vorurtheil von Seite der Wenigen un=
ter den Besitzenden, welche die Sache verstehen, ist gewissenlos;
von Seite der großen Masse der Besitzenden und Gebildeten, die es
nicht besser verstehen, ist gedankenlos. In beiden Fällen ent=
schuldigt oder begreift es sich noch dadurch, daß dieses Vor=
urtheil im Interesse der Besitzenden liegt. Wie aber soll ich dieses
Vorurtheil nennen, wenn ich es bei Ihnen treffe? Hier fehlt mir
jeder Name. Bei Ihnen ist dieß Vorurtheil selbstmörderisch!
Lassen Sie mich frei sprechen, meine Herren! Ich habe durch meine
Liebe für die Sache der arbeitenden Classe, ich habe durch die Be=
schimpfungen die ich in Ihrem Interesse von Seiten der gesammten
liberalen Presse erdulden mußte, mindestens das Recht erkauft, frei=
müthig zu Ihnen zu sprechen! Ich bin ein Mann, der Ihnen
helfen, aber kein Mann, der Ihnen schmeicheln will! Bei Ihnen
würde dieses Vorurtheil der höchste Grad unwürdiger Schwäche
sein, den ich zu denken vermag; es würde der Beweis sein, daß
Sie Sich durch unsere seit dem Jahre 1849 namenlose schlechte Presse
und durch das Fiapopeya, das lügenhafte Gerede von Ihrer mit dem
wachsenden Nationalreichthum sich verbessernder Lage schon voll=
ständig haben entmannen lassen! Hören Sie, was der größte
englische Nationalökonom J. Mill sagt: „Es ist sehr fraglich," sagt
er, „ob bis jetzt alle mechanischen Erfindungen die Tagesmühen irgend
eines menschlichen Wesens erleichtert haben; sie haben allerdings
die Wirkung gehabt, daß eine größere Bevölkerung das nämliche Leben
von Mühseligkeiten führt und eine beträchtliche Zahl von Fabrikanten
und anderer Personen größere Reichthümer erwirbt, auch haben sie
die Lebensannehmlichkeiten der mittleren Classe vermehrt; allein sie
haben bisher noch nicht angefangen, jene großen Veränderungen in dem
Geschicke der Menschheit zu bewirken, welches zu vollbringen in ihrem
Wesen liegt und der Zukunft vorbehalten bleibt." Hören Sie, was
der anerkannt größt deutsche Statistiker, der Geheimrath Engel in Berlin
in einem Vortrage in der Singakademie zu Berlin über Ihre Lage
sagt:*) „Der dritte Stand hat sich emanzipirt, eine neue Aristokratie des

*) Vortrag, gehalten am 2. Febr. 1862, abgedruckt in der Zeitschrift
des königl. preuß. statist. Bureaus, Jahrg. 1862. Nr. 2.

Selbes und des Geistes entsteht; der Gelehrte, der Beamte, der Capitalist wird als Bourgeois die herrschende Macht. Indeß, nachdem die geistige, von dem großen Capital unterstützte Arbeit ihr Recht erstritten, ringt auch die physische, im Ganzen und Großen capitallose Arbeit um Anerkennung und Gleichberechtigung. Die arbeitenden Classen sind unter der Allgewalt des vom Ganzen getragenen Individualismus bereits zu einem eigenen, zum vierten Stande, zu einer gesellschaftlichen Macht herangewachsen, die naturgemäß ebenfalls nach der Alleinherrschaft im Staate strebt, wie dieß der 1., 2. und 3. Stand, so lange sie es konnten, gethan." Zu bemerken ist, wenn Geheimrath Engel sagt: „nach Alleinherrschaft im Staate streben," so ist dieß ungenaue Wort zu verbessern durch seinen offenbaren Sinn. Bei ihm, wie bei mir, heißt die Herrschaft der arbeitenden Classe immer nur die Herrschaft aller Individuen ohne Ausnahme, wobei dann ganz von selbst, da die arbeitenden Classen die große Majorität der menschlichen Gesellschaft bilden, die Entscheidung in ihrer Hand liegen wird.

Geh. R. Engel fährt fort: „Wie viel nun auch mit dem Siege der Freiheit, des Absatzes für die Produktion, für die Erzeugung der Reichthümer errungen sei, so ist doch der Kampf des vierten Standes damit nicht abgeschlossen. Für ihn handelt es sich nicht so sehr um die Erzeugnng, um das absolute Maß des angesammelten Reichthums, als um die Vertheilung desselben, d. h. um das Verhältniß dieses Reichthums zu der Zahl Derer, die daran participiren, theilnehmen können und sollen. Bei einer politisch und wirthschaftlich falschen Leitung der Production ist die Gefahr krösusartiger Bereicherung einiger Weniger gegenüber der Verarmung in Masse nicht ganz ausgeschlossen und natürlich wird davon der vierte Stand bei seiner fortschreitenden Atomisirung am Stärksten betroffen. Dieser Atomisirung Einhalt zu thun, die Elemente, die in unaufhaltsamer Auflösung begriffen, zwecklos gewordene Verbände, wieder zu sammeln und auf's Neue in zeitgemäße Formen zu binden, — das ist eine der größten Aufgaben der Zeit. Einer dieselbe begreifenden staatswirthschaftliche Einsicht ist es, wenn für jetzt auch nur exemplificatorisch (d. h. beispielsweise) gelungen, neben dem Problem der rationellsten und größten Production auch das der alle Interessenten befriedigendsten Vertheilung zu lösen. In der allgemeinen Lösung besteht der Sieg, die Emancipation des vierten Standes." Das also sagt die Wissenschaft, das sagen sogar bereits die Geheimräthe, wenn sie sich an der Brust der Wissenschaft groß gesogen haben! Und noch mehr: die Männer der Wissenschaft erheben sich, ich, Robbertus, Wuttke, wir treten persönlich oder durch Zuschriften an Euch heran und sagen: Euch muß geholfen werden. Und Ihr solltet votiren: Nein? Ihr solltet wie gezähmte Hausthiere Euch gegen Euch selber wenden? Es wäre ein so widernatürliches Factum, ein Factum von so nationaler Schmach, daß ich roth werde für Euch und in Euere Seele hinein, wenn ich nur daran denke! Mit welch' schallendem Gelächter würden Euere französischen und englischen Brüder die Nachricht von einer solchen Entscheidung aufnehmen! Ja, bei jeder Nachricht von Arbeitervereinen, die gegen mich entschieden, bin ich roth geworden vor Scham in Euerem Interesse und in Euere Seele hinein! Aber ich sagte mir, daß dieß nur der Einfluß irrgeleiteter Vorstände sei, nur die Folge davon, daß man Euch die Wahrheit nicht auseinander gesetzt hatte, daß man Euch fast überall votiren ließ, ohne nur meine Schrift zu kennen! Darum bin ich unter Euch getreten. Wenn Ihr nach Allem, was ich Euch schon gesagt habe und heute noch sagen werde, gegen mich entscheiden könntet — die Worte würden mir fehlen, um meine Entrüstung auszusprechen! Wenn Ihr, wie das hin und wieder bei Arbeitern vorgekommen ist, in Entrüstung über Eure Lage Maschinen zertrümmertet, Raub, Brand, Zerstörung verübtet — es wäre sicherlich sehr roh, sehr stupide, sehr verbrecherisch und Ihr könnt Euch wohl denken, daß ein Mann wie ich, über solches Gebahren nur das allerschärffte Verdammungsurtheil fällen könnte! Aber immerhin würde es doch noch ein natürliches Verbrechen sein! Es gibt Laster, welche in gedrückter Lage der Rohheit nahe liegen; es gibt Excesse, die, so strafbar sie sind, doch noch natürliche Ausschweifungen der Kraft sind. Aber wenn Ihr gegen mich votirt, gegen die Männer, welche erklären, es müsse Euch geholfen werden, — das wäre ein unnatürliches Verbrechen! Es wäre eine so widernatürliche Schwäche, ein so unwürdiger Mangel an Mannheit, daß ich keinen Ausdruck dafür finde! Indem ich spreche, fällt mir das Wort eines großen deutschen Patrioten auf das Herz, eines Mannes, der, ein Ruhm Frankfurts, in dieser Stadt geboren wurde, in der ich spreche, ein Wort, das dieser verzweifelnd vor Schmerz über seine Nation in den dreißiger Jahren ausrief. Ich rede von Ludwig Börne: „Andere Völker", rief Börne aus, „mögen Sclaven sein, man mag sie an die Kette legen, mit Gewalt darnieder halten können, aber die Deutschen sind Bediente, man braucht sie nicht an die Kette zu legen, man kann sie frei im Hause herumlaufen lassen!" Seit 23 Jahren habe ich dieß Wort gelesen, das Börne im größten Ingrimm seines Patriotismus ausrief. Seit 23 Jahren kämpfe ich innerlich gegen dieß Wort an, das mir, seitdem ich es gelesen, nicht wieder von der Seele gewichen. Nun wohl, wenn Ihr, wenn die deutschen Arbeiter überhaupt in ihrer großen Majorität gegen sich selbst entscheiden könnten, ja, dann gebe ich meinen Widerstand gegen dieß Wort Börne's auf und unterschreibe es mit brennender Scham auf der Stirn! (Großer andauernder Beifall aus dem Saal und den Logen. Eine Stimme: „Er beleidigt die Nation". Neuer anhaltender Beifall.) Das ist es, was ich Euch über das Princip zu sagen habe, und nur um das Princip handelt es sich heute, um das Princip, das allgemeine und directe Wahlrecht als unsere Fahne zu proclamiren, zu dem ausgesprochenen Zwecke: durch die Ge= setzgebung, durch die Intervention des Staates die Ver= besserung Eurer socialen Lage herbeizuführen. Welches die geeigneten Mittel hierzu wären — diese Discussion ist eigent= lich hier noch ganz verfrüht. Diese Discussion gehört erst in den gesetzgebenden Körper. Es sind manche und sehr verschiedene Mittel hierbei denkbar und im Laufe der Zeit nothwendig. In= zwischen, müßt Ihr mir erst das Princip zugeben, so müssen meine Gegner mir auch Alles zugeben, denn alles Andere, was bisher ge= gen meinen Vorschlag vorgebracht worden ist, verfliegt wie Spreu vor dem Winde, und zum Ueberfluß will ich Euch das noch beweisen. *) „Controlle des Staats“ hat man ausgerufen, Euere persönliche Frei= heit sei bedroht, durch die Controlle, die Ihr Euch für jenen Creditvor= schuß aufzuerlegen hättet. Ist ein solcher Mißverstand oder solche Entstellung schon dagewesen? Glaubt Ihr, ich würde Euch der Reac= tion in die Hände geben? Welcher Art soll und kann dann nach mir diese Controlle sein? Nun, zuerst offenbar ja lediglich eine privatrecht= liche, die ganz und garnichts mit Eurer persönlichen Freiheit, ganz und gar Nichts mit dem öffentlichen Recht zu thun hat. Der Staat würde mit einem Worte bloß Gläubiger=Rechte haben. Er brauchte z. B. freilich nicht zu dulden, daß die Maschinen, die Ihr Euch mit seinem Credit anschafft, anderweit von Euch verbracht und ver= äußert werden, statt mit ihnen zu probuziren. Er würde Eure Buch= führung einsehen können, um zu sehen, ob Ihr auch wirklich die Ge= schäftsführung nach den von Euch selbst genehmigten Statuten be= treibt. Es würde diese Art von Controlle Euch sogar sehr zu stat=

---

*) Für Theoretiker die — fast überflüssige — Bemerkung, daß der Vorschlag der Productiv=Associationen mit Staatscredit noch keineswegs die „Lösung der socialen Frage“ darstellen soll. Ich habe nirgends in meinem Antwortschreiben von der „Lösung der socialen Frage“ ge= sprochen, ja, ich habe deßhalb den Ausdruck „sociale Frage“ überhaupt ver= mieden. Ich habe ausdrücklich nur von einer praktischen Maßregel zu einer „Verbesserung der Lage der arbeitenden, nothleidenden Classen“ gesprochen Die definitive „Lösung der socialen Frage“ wird die Arbeit von Genera= tionen sein und das Resultat einer Reihe von Einrichtungen und Maßre= geln, von denen sich organisch jede folgende aus der früheren entwickeln muß. Die durch den Staatscredit hervorgerufenen Produc= tiv=Associationen sind eben auch deßhalb das, angezeigte bahnbrechende Mittel, weil sie in der Zukunft Verhältnisse schaffen müssen, die von selbst eine weitere Entwicklung hervorrufen. Hin und wieder ist in dem Folgen= den ein flüchtiger Blick hierauf geworfen.

ten kommen können und Euch sichern gegen etwaige Leichtsinn oder Unredlichkeit Eurer Geschäftsführer, die Ihr, in der Buchführung nicht erfahren, nicht schnell genug wahrnehmen würdet; der Staat würde also mit einem Worte nur ähnliche Rechte haben, wie sie heute jeden Tag in der ganzen Welt, in der Bourgeoisie selbst, in gewissen Verträgen festgesetzt werden, ähnliche Rechte, wie diejenigen eines sogenannten stillen Gesellschafters oder Commanditärs. Solche Commanditärverhältnisse bilden die Bourgeois alle Tage. Hat man deßhalb jemals gehört, daß sie dadurch ihre Selbständigkeit verloren? Zweitens aber, habe ich Euch denn auf den heutigen Staat verwiesen? Ihr wißt sehr gut, ohne daß ich es sage, was Ihr von dem heutigen Staat allein zu erwarten habt! Nicht auf den jetzigen Staat habe ich Euch hingewiesen, sondern auf den Staat, der unter die Herrschaft des allgemeinen und directen Wahlrechtes gestellt wird. Darum ist es so lächerlich, hier von Reaction zu sprechen, denn es ist doch klar, daß unter dem allgemeinen und directen Wahlrecht der Staat jedenfalls ein ganz anderer sein würde, als der heutige. Wenn ich heute von hier hinweggehe, überstimmt bei der Abstimmung, ich würde eine sehr geringe, sehr schlechte Meinung von Euch mitnehmen. Aber doch immer noch nicht eine so schlechte, daß ich, wenn die Vertreter Eurer Classen den gesetzgebenden Körper bilden, dann die Wirthschaft noch länger für möglich halten sollte, die jetzt seit 15 Jahren in Berlin und ganz Deutschland spielt. Der Widerspruch der Executive gegen die gesetzgebende Gewalt, die Widersetzlichkeit und reactionäre Richtung der Administrativ-Beamten ꝛc. ꝛc., das wäre, wenn durch das allgemeine und directe Wahlrecht, wenn durch Eure Vertreter das Parlament gebildet würde, niemals lange möglich! Was Eure Association betrifft, so würde also einfach ein Gesetz die Credite votiren, die von dem Staate ernsthaften Associationen, die sich bilden wollen, zu gewähren sind, solchen Associationen, welche gewisse Bedingungen erfüllen, die von den gesetzgebenden Körpern festgesetzt werden würden. Alle solche Associationen, die sich bilden und diesen Bedingungen entsprechen, hätten dann ein gesetzliches Recht auf jene votirten Staats-Credite. Ihr brauchtet somit von keines Menschen und keines Beamten guten Willen abzuhängen und hättet Euch nur in Eurem Geschäftsbetrieb an die von Euch selbst genehmigten Statuten zu halten. Ueberdieß, alle Tage kommt es vor, daß der Staat den Bourgeois Credit gibt. Es besteht sogar in vielen Ländern ein Staatsinstitut extra zu diesem Zweck; die Bank — sie ist z. B. in Preußen ein Staatsinstitut. Wenn ein Bourgeois bei der Bank Wechsel discontirt, so bekommt er Credit aus Staatsmitteln. Hat man deßwegen schon jemals gehört, daß ihn das vom Staate abhängig mache?

Aber Herr Schulze hat ausgerufen: Woher sollen wir die Tausende von Millionen nehmen, die dazu erforderlich wären?

Sie sehen, man will Ihre Phantasie erschrecken! Es sind keine Tausende Millionen dazu erforderlich. Nehmen Sie einmal einen Moment an, wir hätten nur hundert Mill. Thaler zu unserm Zweck. Wir hätten dann sogar für die erste Zeit noch viel zu viel! Weit mehr, als wir im Anfang wirklich für Associationen verwenden könn= ten! Der Kapitalzins steht zu 5 % im Allgemeinen. Dieser Kapital= Zins ist nicht zu verwechseln mit dem Unternehmergewinn. Der Ka= pitalzins wird von dem Unternehmer selbst dem Kapitalisten bezahlt. Diese 5 Procent geben jährlich 5 Millionen Thaler, die man gleich= falls von Neuem, wenn wir jene 100 Millionen hätten, zu demselben Zwecke, zur Gründung von Arbeiter=Associationen, austhun könnte. Durch die Kraft des Zinseszinses würden binnen 14 Jahren diese jähr= lichen 5 Mill. das Kapital verdoppelt haben, und wir würden von da ab 200 Millionen haben, so daß wir von nun ab 10 Millionen jährliche Zinsen hätten, welche wir für Arbeiter=Associationen verwen= den könnten. Nehmen Sie nun an, daß im Durchschnitt aller Ge= werbe auf ein Kapital von einer Million Thaler ungefähr 4000 Ar= beiter arbeiten können; dieß ist eine ganz beispielsweise von mir ge= machte Annahme, die wahrscheinlich eher eine viel zu geringe ist, als eine zu hohe. Die Zahl ist übrigens gleichgültig, sie dient hier nur als Beispiel. Auf Grund der 100 Millionen Thaler also könnten sich 400,000 Arbeiter associiren; das wäre mit ihren Familien, wenn wir sie durchschnittlich auf 5 Personen veranschlagen, eine Bevölkerung von 2 Mill.; mit 10 Mill. jährlichen Zinsen könnte neuen 40,000 Arbeitern jährlich die Möglichkeit der Freiheit und des Wohlstandes erblühen und somit neuen 200,000 Menschen, oder während der ersten 14 Jahre, so lange wir nur 5 Millionen jährlich annehmen, mindestens wiederum neuen 20,000 Arbeitern jährlich mit ihren Fa= milien, und so wäre ein Weg gegeben, der in einer bestimmten Zeit Euch Alle aus der Wüste führt, alle arbeitenden Klassen der Gesell= schaft ohne Ausnahme. Aber das ist noch Nichts! So viel seht Ihr doch ein, daß Ein industrieller Gewerbzweig dem andern in die Hände arbeitet; was für den Einen sein Industrieproduct ist, ist für den Andern der Rohstoff, auf und an welchem er seine Arbeit anfängt. Der Gerber arbeitet dem Schuhmacher in die Hand, der Tuchfabrik= arbeiter dem Schneider, die Eisen= und Stahlarbeiter arbeiten dem Maschinenbauer, dieser wieder hundert anderen Gewerken in die Hand u. s. f. Wenn also z. B. erst 70 oder 80 Gewerke im Großen associirt wären, so brauchte das 71te gar kein neues Geld, sondern es brauchte nur den Credit der 70 früheren und hätte an diesem Credit die hinreichende Bedingung seiner Existenz, denn es bezieht von diesen bereits bestehenden Gesellschaften seinen Rohstoff und seine Maschinen. Und wenn nun 71 solcher Associationen bestehen, so kann eine 72ste sich ohne neues Geld bilden, und wenn erst 150 bestehen, können neue 20 ohne neues Geld sich bilden und in jenem

— 44 —

Crebit die Bedingung ihrer Arbeit haben. So sehen Sie, daß meine
frühere Rechnung, es würden jedes Jahr auf Grund der neuen 5 oder
10 Millionen neue 20,000 oder 40,000 Arbeiter befreit werden kön=
nen, noch eine viel zu geringe ist, und daß, wenn die Associirung
erst vorgeschritten wäre und sich entwickelt hätte, weit größere Massen sich
jährlich associiren und zum Licht der Freiheit und des Wohlstandes
hindurch bringen könnten, weit größere Massen und in weit schnellerer
Zeit, als durch mein früheres Rechenerempel gegeben ist. Darum
habe ich Ihnen schon in meinem Antwortschreiben gesagt, daß alle
diese Arbeiter=Associationen in einem Crebitverband unter einan=
der zu stehen haben.

Sie sehen also, es handelt sich nicht um so schreckliche Zahlen,
um viele „Tausende von Millionen"; mit 100 Millionen für ganz
Deutschland hätten wir nicht nur mehr als genug, sondern selbst zu
viel für den Anfang. Woher aber die 100 Millionen nehmen?
Stellt man sich die Sache wirklich so roh vor, der Staat müsse da
aus seiner Tasche, aus den Steuern, 100 Millionen hinzahlen? Das
wäre ein sehr großer Irrthum, meine Herren, und würde nur den
Beweis bilden, daß Diejenigen, welche so sprechen, nicht das Geringste
von der Finanzwissenschaft, von der Function des Geldes und Crebites,
verstehen. Ich habe Ihnen schon in meinem Antwortschreiben gesagt,
daß das erforderliche Geld, resp. der erforderliche Crebit, vom Staate
auf die leichteste Weise von der Welt zu beschaffen wäre, ohne daß
es irgend einem Menschen Etwas kostet. Aber sehen wir davon ganz
ab. Stellen Sie sich die Sache einmal einen Augenblick ganz roh
und ganz falsch vor; stellen Sie sich vor, der Staat müsse die 100
Millionen auf den Tisch zahlen. Nun, meine Herren, noch ist kein
Krieg geführt worden, der nicht über das Doppelte dieser Summe
gekostet hätte, und wofür sind nicht schon Kriege geführt worden?
Im vorigen Jahrhundert noch für jede Maitressen=Liebhaberei; in die=
sem Jahrhundert noch für jede Eroberungssucht der Fürsten oder für
irgend ein beschränktes Absatzinteresse der Bourgeoisie. Der Opium=
krieg, den England in den vierziger Jahren mit China geführt, hat
gewiß mindestens das Doppelte gekostet, und er ist nur geführt wor=
den, um den Chinesen Opium in den Leib zu jagen; also für ein
ganz specielles Absatzinteresse der Bourgeoisie. Für Alles in der Welt
also sind diese hundert Millionen und doppelt so viel da gewesen, für
jedes beschränkte Absatzinteresse der besitzenden Klasse, wie für jede
Fürstenlaune; nur wenn es sich um Erlösung der Menschheit handelt,
wären plötzlich diese Gelder nicht zu beschaffen? (Rufe: Schluß.
Weitersprechen.) Der Redner: Wenn Sie noch einmal rufen „Schluß",
so werden Sie den Schluß haben, meine Herren. Ich werde dann
aufhören. (Neue Rufe: Schluß.) Der Redner erklärt, abzubrechen.
Große Aufregung in der Versammlung. Das Centralcomité dringt
in den Redner, fortzufahren. Viele Mitglieder der Versammlung eilen

auf die Tribüne und bestürmen den Redner, nicht wieder das Wort zu ergreifen. Nach einer kurzen Rücksprache mit Herrn Lassalle erklärt Herr Heymann von der Tribüne: „Ich verkünde hiermit im Namen des Herrn Lassalle, daß er Fortsetzung und Schluß seiner Rede am Dienstag in einer allgemeinen Arbeiterversammlung in dem Saale zur Harmonie geben wird. Alle sind eingeladen, daselbst zu erscheinen." Der Präs. Herr Lachmann: „Ich erkläre die Versammlung für geschlossen."

Rede von Lassalle

am 19. Mai 1863.

Meine Herren!

Die liberale Presse hat mir merkwürdige Vorwürfe gemacht über meinen Vortrag vom letzten Sonntag. Ich hätte vier Stunden gesprochen, das sei unerhört. Wie lange ein Redner spricht, meine Herren, das hängt nicht ab vom Redner, sondern von der Sache, und diese Sache ist so groß, daß es nicht möglich ist, sie auch nur einigermaßen erschöpfend in kürzerer Zeit zu erledigen. Luther hat gegen Eck 14 oder 17 Tage, ich weiß nicht genau augenblicklich wie viel, disputirt und ich glaube, daß Ihre Sache, die Sache, um die es sich heute handelt, in keiner Weise geringer ist, als jene große Sache des sechszehnten Jahrhunderts. Dann hat man sich weiter darüber beschwert, daß ich Ihnen trockenes, statistisches, langweiliges Material vorgetragen hätte. Angenommen selbst, meine Herren, daß Sie dasselbe nicht interessirt hätte, so würde ich doch durchaus nicht anders haben verfahren können, und ich werde in aller Zukunft nicht anders verfahren. Es handelt sich hier um volkswirthschaftliche Fragen und nicht um Schönschwätzen. Sie sind noch nicht gewöhnt an dieses Material, darum muß es Ihnen in den Leib gestopft werden, es muß Ihnen Kenntniß und Geschmack daran beigebracht werden. Der Vorwurf ist um so komischer, als Dr. Büchner mir nach Berlin geschrieben hatte: Bringen Sie vor Allem statistisches Material mit. Ich habe dieß gethan, ich habe, wie Sie gesehen haben, dieß Verlangen in reichem Grade erfüllt, und nun machen mir die liberalen Blätter daraus einen Vorwurf! Aber welches ist denn der pikanteste

Punkt dieser Sache? Die liberale Presse wirft mir vor, ich hätte in einem vier Stunden langen langweiligen Vortrag die Arbeiter ennuyirt. Meine Herren! Wenn das wäre, warum sind Sie denn heute hier? Warum ist denn dieser Saal gepfropft voll? Hat Sie Jemand gezwungen, hieher zu kommen? Sie sind freiwillig gekommen; Sie sprechen hierdurch auf das Deutlichste aus, daß Ihnen dieser Vortrag nicht zu lang, daß Ihnen dieses Material nicht zu trocken war; daß Sie auf der Höhe der Bildung stehen, die erforderlich ist, um den Ernst eines solchen Vortrages zu begreifen. Es spricht sich mit einem Wort darin auf das Vollständigste aus, um wie viel bereits in Folge des Ernstes seiner Gesinnung die Bildung des Arbeiterstandes die halbe Bildung unserer liberalen Zeitungsschreiber überwiegt! (Großer Beifall.)

Ich werde jetzt da fortfahren, wo ich am Sonntag aufgehört habe. Ich habe da gezeigt, daß, wenn wir nur hundert Millionen hätten, wir nicht nur genug, sondern im Anfang sogar zu viel haben würden.

Man kann nun fragen, woher diese hundert Millionen nehmen? Meine Herren! Ich werde und kann Ihnen allerdings hier nicht eine lange finanzwissenschaftliche Theorie entwickeln, aber einen flüchtigen Blick muß ich Sie doch darauf werfen lassen, wie leicht, ja wie spielend leicht es wäre, diese hundert Millionen zu beschaffen, ohne daß der arme Bauer, wie die liberale Presse gesagt hat, einen Pfennig aus seiner Tasche dazu herzugeben brauchte. Ich werfe die Frage auf: worauf beruhen die Banken, welche Banknoten ausgeben? Worauf, sage ich, beruht das Profitable eines solchen Unternehmens? Auf nichts Anderem, als auf Folgendem:

Wenn eine Bank z. B. hundert Millionen in ihre Keller legt, so kann sie nun 400 Millionen in Banknoten ausgeben und dieß beruht lediglich auf der Erfahrungsthatsache, daß nie mehr als ein Viertel der Banknoteninhaber sich gleichzeitig präsentiren, um ihre Zettel gegen baares Geld einzuwechseln. Auf diesem einfachen Grundsatz, auf dieser Erfahrungsthatsache beruhen sämmtliche Banken, die Banknoten ausgeben, in ganz Europa. Diese Thatsache ist ein sociales Factum, eine in der Natur Aller liegende Thatsache. Keiner hat diese Thatsache gemacht, nicht Peter, noch Christoph, noch Wilhelm. Es ist ein sociales Elementargesetz, gerade so, wie es natürliche Elementargesetze gibt. Wer dieses Gesetz ausbeutet, der hat also im unterstellten Beispiel 300 Millionen zu seiner Benutzung, ohne daß sie ihm gehören, ohne aber auch, daß sie irgend ein Anderer entbehrt. Denn den Banknoteninhabern, den wirklichen Gläubigern dieses Institutes, vertreten die Banknoten denselben Dienst, den ihnen der Silberthaler geleistet hätte. Ueberdieß, es ist nicht einmal zu constatiren: wer ist der Gläubiger dieser Bank? Ich, Sie, wir

Alle, Jeder, der auf einen Moment lang einen Thaler in der Tasche hat, der in der nächsten Viertelstunde schon bei einem Anderen ist. Ich sage also, wer diese sociale Thatsache ausbeutet, der hat zu seiner Benutzung im unterstellten Beispiel 300 Millionen, ohne daß er sie irgend einem Andern entzieht.

Ist es nun nicht eine Sünde und Schande, daß man, wie gleich= wohl heutzutage in den meisten Staaten der Fall ist, einzelnen Capi= talisten oder einzelnen Gesellschaften von Capitalisten die Conceffion ertheilt, dieses **in der Natur Aller** wurzelnde Factum für ihren **besonderen** Vortheil auszubeuten? Was in der Natur Aller wur= zelt und nur durch **diese**, durch keine individuelle That, hervorge= bracht ist, — das dürfte doch auch wieder nur Allen, d. h. dem **Staate,** zu Gute kommen! Der Staat dürfte also nicht, wie es jetzt in so vielen Ländern der Fall ist, Privatgesellschaften conceffioni= ren, die Banknoten ausgeben. Es dürften auch nicht, wie in Preu= ßen, gemischte Banken bestehen, sondern wenn Etwas, so ist dieses, gerade so wie die Münze, **ein nothwendiges Staatsregal.** Wir müßten also eine deutsche Staatsbank haben, **eine Bank von Deutschland,** — und dann, sehen Sie, meine Herren, dann hätte ja der Staat das Geld, das er für diese Affociationen braucht, doppelt und dreifach und ohne daß es dem „armen Bauer", wie die Berliner „Volkszeitung" gemeint hat, einen Pfennig kostete!

Aber Herr Schulze=Delitzsch scheint zu glauben, daß das Geld oder der Credit des Staates Fluch bringe! Er hat in dem Vor= trage, den er in Berlin gegen mich gehalten hat, Bezug genommen auf die subventionirten Affociationen, die in Paris im Jahre 1848 durch den Staat eingerichtet wurden, und hat gesagt, diese Affociatio= nen seien **alle zu Grunde gegangen,** und das sei nicht anders möglich, wenn man auf Staatsubvention baue, statt auf eigene indi= viduelle Selbsthülfe.

Beiläufig: Sie müssen nicht, meine Herren, diese Pariser sub= ventionirten Affociationen mit den Pariser Nationalwerkstätten ver= wechseln. Man hat mir von Seite anderer Gegner vorgeworfen, ich wolle die Nationalwerkstätten aufwärmen. Das beruht auf tiefer Unwissenheit, denn die Nationalwerkstätten haben niemals productive Arbeit getrieben. Sie bestanden lediglich darin, daß man eine große Anzahl broblos gewordener Arbeiter durch öffentliches Almosen ali= mentirte und, damit diese große Masse nicht ganz müßig ging, unproductive Erdarbeiten von ihr verrichten ließ. Ich habe das in der Presse widerlegt, in einem Artikel, der in verschiedenen Zeitungen erschienen ist. Aber so sehr speculirt man auf die öffentliche Unwif= senheit, daß man nichtsbestoweniger, nachdem in drei oder vier Zei= tungen jener Artikel erschienen war, in Stuttgart einer Zei= ungsnachricht zufolge den Arbeiterverein beschließen ließ, daß ich nur wieder die französischen Nationalwerkstätten aufwärmen wolle.

Herr Schulze hat das nicht gesagt; er sprach von den subventionirten Associationen, die sich in Paris erst nach dem Untergang
der Nationalwerkstätten gebildet haben. Ist es denn aber wahr,
was er behauptet, daß die mit Hülfe dieses Staatscredites gebildeten
Gesellschaften alle untergegangen sind? Nein, meine Herren! Es
ist durchaus nicht wahr; es haben im Gegentheil mehrere davon sogar die glänzendsten Geschäfte gemacht und ich werde Ihnen sofort die
Beweise vorlegen.

Zunächst, wäre es ein Wunder, wenn jene in Paris votirten
Credite keine günstigen Folgen nach sich gezogen hätten? Es wäre
kein Wunder und würde gar Nichts gegen meine Vorschläge beweisen, und zwar aus folgenden Gründen.

Erstens: Wie viel glauben Sie wohl wurde überhaupt votirt?
Es wurden votirt — (ich trage Ihnen diese Thatsachen aus dem betreffenden Werke des Professor Huber vor, das Schulze-Delitzsch kennt
und kennen muß, und beziehe mich deßwegen nur auf dieses deutsche
Werk, das ihm jedenfalls bekannt ist) — es betrugen also die vom Staat
votirten Summen 2,800,000 Francs. Das war der Credit, der damals votirt wurde. „Von dieser Gesammtsumme", sagt Huber *),
„fielen 26 Subventionen zu 1,800,000 Francs auf einige zwanzig
große Fabrikherren in den Provinzen, auf Bourgeois, bei denen die
Bildung einer Association mit ihren Arbeitern handgreiflich nur ein
Vorwand war, um das durch die schlimmen Zeiten gefährdete Geschäft
zu retten. Nachher war von irgend einem genossenschaftlichen Antheil
oder einer Betheiligung der Arbeiter nicht mehr die Rede. Von wirklichen associations ouvrières (Arbeiter-Associationen) wurden nur 30
mit 890,000 Francs und zwar ausschließlich in Paris subventionirt". So
Huber, 890,000 Franks sind nicht einmal ganz 240,000 Thaler. Sie würden also sich nicht wundern können, wenn mit einer solchen Summe,
mit einem Experiment so sehr im Kleinen, auch kein großes Resultat
herbeigeführt worden wäre. Aber nicht nur das. Hören Sie, was
Huber weiter über den Geist sagt, in welchem diese Summe verwendet wurde. Es herrschte nämlich damals, wie Ihnen aus der Geschichte bekannt ist, bereits die äußerste Reaction in Paris; Huber
sagt: „Die Zinsen, welche nominell 5% betrugen (die Zinsen nämlich, welche die Arbeiter dem Staate für diese Subvention zu entrichten hatten), stiegen durch allerlei Nebenlasten auf etwa 10%. Die
Controlle wurde ganz im Sinne der peinlichsten bureaukratischen Ver-
waltung festgestellt und bald mit unverkennbarer Feindseligkeit oder gänzlicher Rücksichtslosigkeit und Gleichgültigkeit gegen das Princip und gegen den Versuch gehandhabt. Nach
dem Staatsstreiche zumal konnte an der unbedingten Mißlie-
bigkeit der Associationen kein Zweifel sein." Sie sehen, meine

---

*) Die gewerbl. und wirthschaftl. Genossenschaften, p. 78.

Herren! wenn dieser votirte Credit mit dieser Feindseligkeit gegen das Princip selbst verwendet und verwaltet wurde, so würde auch gar kein Schluß daraus gezogen werden können, wenn der Versuch nicht die geringste glückliche Folge gehabt hätte! Aber trotz Alledem, trotz der minimen Geringfügigkeit dieser Summe, trotz der durch die Neben= lasten bis auf 10 Procent gesteigerten Zinsen und besonders trotz die= ses Geistes der Feindseligkeit, in welchem dieser Credit von den Administrativbehörden verwaltet wurde, haben dieselben eine Anzahl von Associationen in das Leben gerufen, von denen mehrere sogar die glücklichsten Geschäfte gemacht haben. Ich will mich wiederum blos auf die Beispiele beziehen, die Huber in seiner Schrift mittheilt.

Zuvor will ich Ihnen aber noch einen Satz der Huber'schen Schrift anführen, der zu bemerkenswerth ist, um hier nicht eingeschal= tet zu werden. Professor Huber geißelt nämlich auf die verdienteste Weise die Gleichgültigkeit und die Abneigung, welche die gebildeten Stände und vor Allem die Presse gegen diese Sache damals an den Tag gelegt hätten. Er sagt: „Bei der Masse der Gebildeten, Reichen, Angesehenen und in der Presse tiefes Ignoriren, die vollkommenste Gleichgültigkeit der Selbstsucht in ihren mannigfachsten Formen; bei einigen wenigen doctrinäre oder bureau= kratische reactionäre Schadenfreude über das vermeintliche Miß= lingen mißliebiger Doctrinen oder Bestrebungen; dieselbe Stimmung, nur in wo möglich gesteigertem Maß, finden wir vier Jahre später. Man hatte bona fide Alles vergessen oder niemals Etwas gewußt! Daß die Presse allzubereit war, dieser Haltung des Publicums oder der Staatsgewalt zu entsprechen, das bedarf wohl keiner beson= deren Versicherung. Darin, wie in so manchen anderen Sün= den, worin sie ihren Mangel eines höheren Berufes er= weist, wird sie sich vergeblich mit ihrer Unfreiheit ent= schuldigen." So Professor Huber, — und wie sehr, meine Herren, ja in wie erhöhtem Grade wendet sich dieses Urtheil auch auf das gegenwärtige Verhalten der liberalen Presse in Deutschland an! Nichtsdestoweniger haben, wie ich Ihnen bereits gesagt, manche jener Associationen sogar die glänzendsten Resultate gehabt. Die Beispiele, die Huber hiefür anführt *), sind erstens die Association Remquet,

---

*) Andere bei Lemercier, Etudes sur les associations ouvrières, p. 125. Ueberdieß ist noch zu bemerken, daß, wie Lemercier bezeugt, viele Associa= tionen, welche bereits die besten Geschäfte machten, nach dem Staats= streich vom 2. Dec. 1851 sich sofort freiwillig auflösten. Die der Verwendung der Staatssubvention vorgesetzte Behörde — le conseil d'en= couragement — versammelte sich gar nicht mehr seit dem Staatsstreich, wie Lemercier gleichfalls constatirt, — und andrerseits streckten die in gün= stigster Entwicklung befindlichen Associationen vor der Contrerevolution von

eine Buchdrucker = Affociation. Diefe wurde im September 1849 ge=
bildet, ftatutenmäßig für 10 Jahre, fo daß fie fich nach Verlauf der
10 Jahre auflöfen follte. Sie wurde gebildet mit einer Staatsfub=
vention von 80,000 Francs, alfo etwas über 20,000 Thaler; und
als fie fich ihren Statuten zufolge im Jahre 1859 auflöfte, da wurde,
nachdem diefe Subvention an den Staat wie alle anderen Paffiva
abgezahlt worden waren, der angefammelte Gewinn unter die Arbeiter
vertheilt und zwar kamen im Durchfchnitt 10—11,000 Francs auf
jeden diefer Arbeiter, alfo nicht viel unter 5000 Gulden. Der An=
theil wechfelte nämlich von 7000 Francs, für die Wittwen der inzwi=
fchen verftorbenen Arbeiter, bis auf 18,000 Francs. Jch brauche
Jhnen blos die Profite vorzulefen, welche von diefer Affociation jähr=
lich zurückgelegt wurden, um Jhnen ein deutliches Bild von den Vor=
theilen der Affociation zu geben. Jm erften Jahre war gar kein
Profit, denn, wie Sie begreifen, aller Anfang ift fchwer. Jm zwei=
ten Jahre war der zurückgelegte Profit 4494 Francs, alfo fehr gering.
Jm dritten Jahre 6224 Fr., im vierten Jahre 8500, im fünften
Jahre 10,684, im fechsten Jahre 14,357, im fiebenten 10,971, im
achten 11,427 und im neunten 14,821. Aehnliche Gefchäfte hat die
gleichfalls fubventionirte Affociation der Goldarbeiter gemacht, die
association d'ouvriers bijoutiers en doré. Aehnliche Gefchäfte hat
die gleichfalls vom Staate fubventionirte Tifchler=Affociation gemacht,
die nach ihrem Gründer monsieur Antoine genannt wurde. Sie
fehen alfo, um mich mit diefen Details zu begnügen, es ift unwahr,
was Herr Schulze fagt, daß die vom Staat fubventionirten Affocia=
tionen in Frankreich fämmtlich untergegangen feien *). Das Geld
oder der Credit des Staates bringt keinen Fluch, wie Herr Schulze
glaubt, und läßt fich gerade eben fo gut induftriell verwenden, wie
jedes andere Geld oder jeder andere Credit.

Aber, hat man eingeworfen, die Landarbeiter, — wie fteht

---

felbft das Gewehr. So wenig ift die ökonomifche Befreiung des Arbeiter=
ftandes mit der Reaction verträglich!

*) Die Worte des Herrn Schulze hierüber in der Nat.=Ztg. v. 2. April
(und Nr. 155) lauten: „Ja wohl, diefe erften Arbeiter, die zu Affociationen
zufammentraten, find an's Ziel gelangt. weil fie fich auf fich felbft ftellten
und ihre Kraft gebrauchten. Alfo weil und nicht trotzdem fie ohne Hülfe
des Staats fich zufammenthaten; hätte fie der Staat patentirt,
dann würde vorausfichtlich Nichts aus ihnen geworden fein.
Dieß beweifen die Affociationen in Frankreich. Dort wurden gleich
nach der Februar=Revolution 3 Millionen Francs für diefe Zwecke decretirt.
Davon wurden 56 Vereine unterftützt und diefe find fämmtlich ein=
gegangen, während alle diejenigen, welche noch jetzt blühen, keine Sub=
vention erhalten und nur ihrer eignen Kraft vertraut hatten." (!!!)

es mit benen? Die sind doch noch eine größere Zahl, als die in=
dustriellen. Die liberale Presse hat sogar in Berlin die Vermuthung
aufgestellt, ich würde wahrscheinlich vorschlagen, daß Parcellirungen
stattfinden müßten für die ländlichen Arbeiter *). Das betreffende
Blatt war so unwissend, noch nicht einmal zu wissen, daß alle Socia=
listen, die existirt haben, die Parcellirung, nachdem sie historisch für
die Vergangenheit ihr Gutes gehabt hat, und mit einziger Aus=
nahme solcher Gegenden, wo gartenmäßiger Betrieb stattfindet,
für eine Quelle der nationalen Verarmung und der Verminder=
ung des Getreibe=Ertrages betrachten und vor Allem gerabe bei der
Agricultur nur im Großbetrieb die Quelle des nationalen
Reichthums und die Vermehrung des Rohertrages der Aecker
erblicken. Was also werde ich auf jenen Einwurf antworten, daß doch auch die
ländlichen Arbeiter zu ben nothleibenben Klassen gehören und derselben Hülfe
bedürftig seien, wie die industriellen? Nun, nichts Anderes, als daß
dieser Einwurf meine eigenste Meinung, daß dieser Einwurf gar kein
Einwurf ist! Wer spricht denn davon, daß bloß ben industriellen
Arbeitern geholfen werden sollte? Ich doch nicht! Ich habe Ihnen
doch im Gegentheil in meiner Broschüre von ben 89—95 Procent
Nothleibenben gesprochen, welchen der Staat gehört, so daß hierin also
doch alle Klassen, Berufsstänbe und Arten von Arbeitern eingeschlossen
sind! Ich habe somit beutlich genug für Jeden, der irgend verstehen
kann, die Meinung ausgesprochen, daß allen unbemittelten Klassen
geholfen werden solle und müsse, wie denn ja auch für Jeden, der das
Geringste von der nationalökonomischen Materie versteht, das In=
teresse aller Capitalosen ein solibarisches ist. Warum
aber, meine Herren, — um anderer und noch wirksamerer Maaßregeln
zu geschweigen, die gerabe in Bezug auf den Ackerbau zur Anwend=
ung kommen könnten und beren Entwickelung hier überflüssig und zu
weit führenb wäre, — warum sollte benn, frage ich), den Lanbarbei=
tern burch die Associationen nicht eben so gut geholfen werden können,
wie ben industriellen Arbeitern? Bewiesen ist bieß burch gar Nichts!
Hören Sie ben größten englischen Oeconomen, John Stuart Mill,
über biese Frage. Er sagt wörtlich: „Es läßt sich vernünftigerweise
nicht bezweifeln, daß eine Dorfgemeinbe, die aus wenigen Tausenb
Bewohnern besteht, als gemeinsames Eigenthum die nämliche Boben=
fläche bebaut, welche die jetzt vorhanbene Bevölkerung ernährt und bie
mittelst vereinter Arbeit und der besten Verfahrungsweise die erforber=
lichen Fabrikate anfertigt, im Stanbe wäre, so viel Producte hervor=
zubringen, um sich in angenehmen Verhältnissen zu erhal=
ten. Eine solche Gemeinbe würde auch die Mittel finden, um von

---

*) Die Volkszeitung ist es, welche biese seltene Sachkenntniß ent=
wickelt hat.

jedem arbeitsfähigen Mitglied des Gemeinwesens die Feldarbeit zu erhalten oder erforderlichen Falles zu erzwingen." Also John Stuart Mill erklärt geradezu, es ließe sich das vernünftiger Weise nicht einmal in Zweifel ziehen. Wollen Sie eine noch größere Autorität in dieser Frage? So werde ich Ihnen den Freiherrn von Thünen citiren, eine noch größere Autorität deßhalb, weil er einerseits einer der ausgezeichnetsten Männer der ökonomischen Wissenschaft, andererseits einer der ausgezeichnetsten praktischen Landwirthe Deutschlands war. Er hat im zweiten Bande seines berühmten Buches: „Der isolirte Staat", den er im Jahre 1850 veröffentlicht hat, sich gleichfalls für die Association der ländlichen Arbeiter ausgesprochen. Ja, ein großer und edeldenkender Mann wie er war, hat er auf seinem Gut Tellow in Mecklenburg bereits im Kleinen eine Association seiner Leute angelegt, damit sie Antheil nehmen sollten an der steigenden Productivität, an dem steigenden Ertrag seiner Aecker. Er hat den Plan und das Reglement, welches er dieser Association zu Grunde legte, in jenem Werke, das ich citirt habe, veröffentlicht. Freilich! Kaum war das erschienen, so kam die Tübinger Zeitschrift und rief aus: Thünen ist Socialist!

So oft ein großer Mann der Wissenschaft es sich hat daran gelegen sein lassen, Mittel und Wege zu finden, die Lage der arbeitenden Classe zu verbessern, so hat man ihn immer mit diesem Schlagwort zu Boden zu schmettern gesucht: Socialist! Nun, meine Herrn, wenn man dieß unter Socialismus versteht, daß wir suchen, die Lage der arbeitenden Classe zu verbessern und ihrer Noth abzuhelfen, — nun dann in 33,000 Teufels Namen, dann sind wir Socialisten! (Allgemeines Bravo!) Glaubt man, ich würde mich vor einem Worte fürchten? Ich nicht! Und sollten Sie so furchtsam sein? Ich hoffe Nein! — Warum habe ich denn nun also in meinem Antwort-schreiben nicht besonders von den ländlichen Arbeitern gesprochen? Nun aus dem überaus einfachen Grunde, weil sie ja schon ohnehin in die 89 bis 95 Procent der dürftigen Classe, von denen ich spreche und denen geholfen werden soll, eingeschlossen waren und der Anfang, der praktische Anfang allerdings zunächst mit den industriellen Arbeitern gemacht werden muß. Warum? Der ländliche Arbeiter, meine Herrn, ist in vieler Hinsicht, wenn z. B. auf Geldlohn gesehen wird, in einer noch schlechteren Lage als Sie, in mancher Hinsicht wiederum in einer besseren. Dieß entscheidet also die Frage nicht. Was die Frage entscheidet, mit welcher Arbeitsart praktisch der Anfang gemacht werden muß, ist folgender Umstand. Der ländliche Arbeiter, und wenn er auch nur ein Ruhgut hat, wenn er sogar seinen Getreideacker nur mit Hacke und Spaten bearbeitet, bildet sich immer noch ein, ein Eigenthümer zu sein; er ist noch nicht disponirt zur Association, und diese Disposition dazu, die Bereitwilligkeit, die kann nicht erzwungen werden. Aber hervorgerufen kann sie werden durch Erfolge, hervorgerufen kann sie werden, sage ich, und zwar nur durch das Eine: dadurch nämlich, daß der ländliche Arbeiter den großen Erfolg bei den industriellen Arbeitern sieht.

Wenn er diese in einer ganz andern Lage sehen wird und auf seine Frage, woher dieß Alles kommt, die Antwort erhalten wird: durch die Association, — dann wird sich auch bei ihm dieselbe Bereitwilligkeit und Geneigtheit zur Association einfinden, die heute bereits in dem industriellen Arbeiterstande eine so vorwiegende ist. Zugleich werden durch die große Association der industriellen Arbeiter, wie ich Ihnen vielleicht ein andermal näher ausführen werde, ganz neue Produc= tionsverhältnisse entstehen, welche auch die Bewirthschaftung des Bodens im Großen ebenso nothwendig, als leicht ausführbar machen und dadurch eine Quelle der Bereicherung für die ganze Gesellschaft, eine Quelle einer erstaunlichen Vermehrung der gesammten nationalen Production, herbeiführen würden.

Die industriellen Arbeiter sollen also nur die Avantgarde der Menschheit bilden, und bemerken Sie vor Allem Folgendes: Indem der Lohn der gemeinen Handarbeit geändert wird, (es ist dieß der wichtigste von allen Grundsätzen, den ich Ihnen einschärfen kann, für die Beurtheilung der gesammten Frage) — in= dem der Lohn, sage ich, der gemeinen Handarbeit geändert wird, än= dern sich auch durch organische Rückwirkung die Preise aller anderen Arbeiten in der menschlichen Gesellschaft, welchen Namen sie auch tragen mögen.

Alle menschliche Arbeit theilt sich nämlich im Allgemeinen ein in die gewöhnliche physische Arbeit und in die sogenannte qualificirte Arbeit, die selbst wiederihrerseits in eine große Anzahl von Abstufungen und Verschiedenheiten zerfällt. Der Lohn der gemeinen Arbeit oder der gewöhnlichen physischen Handarbeit ist aber normirend, d. h. er bildet die bestimmende Grundlage für die Vergütung aller anderen qualificirten Arbeiten in der menschlichen Gesellschaft. Ich werde Ihnen bloß an einem sinnlichen Vergleich klar machen, welchen Sie fest halten wollen; er trifft genau zu. Wonach bemißt sich eine Erhöhung? Durch ihren Abstand vom Niveau. Stei= gern Sie, heben Sie das gesammte Niveau, so ist mit ihm auch jener Höhepunkt selbst gehoben. Ich werde Ihnen das nun an einem concreten Beispiel klar machen.

Als ich in Leipzig am 16. April vor den Arbeitern gesprochen hatte und von der Tribüne herunterstieg, kam ein wohlwollender Bourgeois auf mich los und sagte: ich habe Ihnen ganz aufmerksam zuge= hört; aber Sie haben mich nicht überzeugt? Warum? fragte ich. „Aus einem ganz einfachen Grunde, antwortete der Mann. Ihr Mittel hilft nicht Allen. Der kleine Beamte, der etwa dreihundert Thaler erhält, ist, wie Sie nicht werden läugnen können, in einer relativ eben so schlechten Lage als der Lohn=Arbeiter. Wollen Sie nun auch die kleinen Be=

amten affociiren? Das geht doch nicht." Und der Mann sah· mich
an mit wohlwollenden Augen und zugleich freudestrahlend über sei=
nen Scharffinn. Ich sagte: Sie haben recht; affociiren können wir
die kleinen Beamten freilich nicht, aber überlegen Sie Folgendes: daß
in einer Gesellschaft, in welcher, wie das heutzutage der Fall ist, der
Lohn der einfachen Handarbeit 100 bis 120 oder 150 Thlr. jährlich steht,
daß in einer solchen Gesellschaft der Staat Beamte findet für 200 und
300 Thl., das kann nicht Wunder nehmen. Nehmen Sie aber an, es
wäre gelungen, das Einkommen des gewöhnlichen Lohnarbeiters z. B. anf
600 Thaler zu steigern — glauben Sie denn wirklich, daß der Staat
da noch würde kleine Beamten finden können, die für 200 oder 300
Thaler qualificirtere Arbeit verrichteten? Ei, diese Leute würden ja
viel profitabler thun, unter die gewöhnlichen Lohn = Arbeiter zu gehen! (An=
haltender Beifall.) Halten Sie dieses Beispiel fest und wenden Sie
es an und übertragen Sie es auf alle anderen Fälle. Es ist über=
all gleich richtig. Die qualificirte Arbeit wird immer in dem=
selben Verhältniß mit der Vergütung der gewöhnlichen physischen
Arbeit fortschreiten müssen. Wenn dieß nicht der Fall wäre, wenn
die Vergütung der geistigen und qualificirten Arbeit überhaupt sich nicht
in demselben Verhältniß steigerte mit der Vergütung der gewöhnlichen
physischen Arbeit, so würde das die Mühe, die Kosten und die Vor=
bereitung, welche jede qualificirte und geistige Arbeit voraussetzt, nicht
mehr lohnen; es würde somit anfangen, an Leuten, die diese Art von
Arbeit liefern, in der Gesellschaft zu fehlen und die Gesellschaft würde
sich somit entschließen müssen, den verhältnißmäßig höhern Preis
für diese qualificirte Arbeit zu bezahlen, Alles nach dem Gesetz
von Angebot und Nachfrage, nach welchem ich eben so gut wie
meine Gegner entwickle, wie Sie sehen!

Ich verlange also vom Staate nur den kleinen Fin=
ger! Von selbst würde sich daraus mit der Kraft des fortzeugenden
Lebens Alles Weitere organisch entwickeln. Wer 50 Jahre nach die=
ser Maßregel wieder auf die Welt käme, würde sie nicht wieder
erkennen!

Und nun sehen Sie, meine Herren, wie sich selbst zerstörend die
Vorwürfe sind, die meine Gegner mir machen! Hätte ich verlangt,
daß mit einem Male, mit einem Schlage, allen Menschen ge=
holfen werden solle, so hätte man mir zugerufen: der Unsinnige, der
Rasende! er will durch Staatsdecrete Allen helfen auf einmal!· Und
da hätte man Recht gehabt. Jetzt, wo ich eine allmählige, eine für
Alle bestimmte, aber allmählige Hülfe verlange, ruft man: die Land=
bevölkerung — er will der Landbevölkerung nicht helfen, und nur den
industriellen Arbeitern! Sie sehen, meine Herren, das ist nicht wahr;
die Landbevölkerung wie die industriellen Arbeiter, die ländlichen Ar=
beiter wie die Fabrik= oder Handwerks=Arbeiter, und ebenso diejenigen,
welche qualificirtere Arbeit aller Art verrichten, ·also auch die kleine
Bourgeoisie der großen gegenüber, alle sollen durch die

Affociation und ihre Wirkungen in eine andere Lage verfetzt werden. Aber wenn ein Heer sich in Marsch setzt, so geschieht dieß nicht auf einem Fleck und mit einem Mal, sondern die Vorhut marschirt voran, und aus zehntausend Gründen, die ich hier nicht weiter entwickeln kann, sind die industriellen Arbeiter die Vorhut der Menschheit!

Herr Schulze wirft mir vor, ich hätte einen unglücklichen Zwie=spalt zwischen die besitzenden und arbeitenden Classen geworfen; ich hätte versucht, sie mit einander in Conflict zu bringen. Wenn ir=gend Etwas, so ist das nicht wahr! Seht Ihr nicht vielmehr, daß die gegenwärtige Agitation gerade die entgegengesetzte Bedeutung hat? Es ist ein Ruf der Einwirkung auf die öffentliche Ueberzeu=gung und das öffentliche Gewissen, mit dem ich mich erhoben habe. Es wäre das großartigste Culturfactum, es wäre ein Triumph des deutschen Namens und der deutschen Nation, wenn in Deutschland die Initiative in der socialen Frage gerade von den Besitzen=den ausginge, wenn sie aufträte als ein Product der Wissen=schaft und der Liebe, nicht als eine Gährung des Hasses und der wilden sansculotischen Wuth! Und gerade das ist ja aber auch der Fall! Die Männer, welche die Initiative in dieser Bewegung ergriffen haben, ich, Robbertus, Wuttke, Bucher, Dr. Th. Müller*) hier, den Sie kennen, wir alle gehören durch Wissenschaft wie durch Besitz den besten Schichten der besitzenden Klassen an.

Sieht man denn nicht, daß dieß eine großartige Thatsache der Klassenversöhnung ist und daß man gerade nur durch die Wuth ohne Gleichen, mit welcher man sich unseren Bestrebungen entgegen=wirft, einen Conflict und einen Haß unter den Klassen zu erzeugen droht? Wenn es gelänge, diese Bewegung todt zu machen, wenn es gelänge, meine Herren, künftige Männer der Wissenschaft von einer ähnlichen Initiative abzuschrecken — —, nun gerade dann würde nichts Anderes die Folge davon sein, als daß wir in einigen Decen=nien an einer wilden proletarischen Revolution stünden und sich die Schrecken der Junischlacht auch für uns wiederholten! Das darf nicht sein und das soll nicht sein.

Aber eben deßhalb handelt es sich darum, zeitig die Ventile zu öffnen, um einer Explosion vorzubeugen. (Lang anhaltendes Bravo!)

Gerade darum habe ich es auch für nöthig gehalten, im vollen Frieden die Fahne dieser Agitation zu erheben. — Der europäische Himmel hängt voll schwerer Wolken, und Viele haben mich gefragt, warum ich nicht gewartet habe, bis Ereignisse anderer Art mir meine Bestrebungen erleichtern. Aber nein! Ich weiß sehr gut, daß man bei einer durch äußere Ereignisse hervorgerufenen Fieberhitze weit

---

*) Vorstand des Arbeiterbildungsvereins zu Frankfurt a. M.

leichter große Erfolge erringen, gewisse Positionen im Sturm davon=
tragen kann.

Aber solche, bloß durch diese Treibhauswärme hervorgerufene Er=
folge sind dann Putsche, Ueberraschungen ohne Dauer und ohne Halt;
nicht eine in sich feste sociale Partei, sondern wilde Appetite, eine
Masse, eben so schnell zerronnen wie gewonnen, stünde dann hinter
diesem Banner. Und ferner, eine sociale Bewegung, die in den Tagen
der Gewalt auftaucht, die gerade könnte den besitzenden Klassen Haß
und Furcht einflößen, und Haß und Furcht hervorrufen.

Darum habe ich im tiefen Frieden dieser Ueberzeugung Gelegen=
heit geben wollen, sich durchzukämpfen und sich durchzubohren. Ich
habe es schon Ihren Brüdern in Leipzig gesagt: Sie dürfen die Besitzen=
den nicht hassen, weder die Bourgeoisie im Allgemeinen, noch etwa
die Unternehmer und Meister im Besonderen. Unsere Bourgeoisie hat
die bestehenden Zustände nicht gemacht; –sie ist nicht der Producent
dieser Zustände, sondern nur ihr unwillkürliches Product. Die be=
sitzende Klasse muß vielmehr selbst und freiwillig ihre Intelligenz und
Einsicht dazu hergeben, um mit gutem Willen die Fesseln von Ihren
Füßen zu feilen.

Aber dazu ist vor Allem Eines nöthig, dieses: daß Sie con=
statiren, daß Sie diese Fesseln trägen und fühlen; dazu ist nöthig,
daß Sie Ihr Verlangen constatiren, daß man sie Ihnen abnehme.
Wenn Sie das nicht thun, so sind wir ohnmächtig! Wenn Sie sich
diese Fesseln fortlügen lassen, wenn Sie sich dahin bringen lassen,
sie selbst abzuleugnen, meine Herren, — wenn Sie mit einem Worte
sich selbst verlassen, dann wird Sie, und zwar mit Recht, Gott
und die Welt verlassen!

Aber eines der Argumente, die Schulze in Berlin gegen mich
vorgebracht hat, scheint dort wie anderwärts einen besonders großen
Eindruck gemacht zu haben, und gerade dieses Argument ist es, wor=
über ich mich auf das Lebhafteste und zwar in Ihrem Interesse be=
schweren muß.

Herr Schulze schließt seinen Vortrag in Berlin bei den Arbei=
tern der Tonhalle mit folgenden Worten, die ich hier wörtlich aus
der Nationalzeitung vorlesen werde: „Und nun, meine Herren, mit
mir sind auch Die angegriffen, die mit mir gearbeitet haben, und die
den Arbeitern durch ihre Bemühungen das Kapital, über das sie ge=
bieten, flüssig machten. Wenn Sie zwischen Herrn Lassalle und uns
wählen sollen, dann brauchen wir nur zu sagen: dort Redensarten
und hier Capital; wir werden sehen, wer es am Längsten aushält."

Drei Dinge sind es, die ich hier zu bemerken habe. Zunächst
ist es nicht wahr, daß ich Herrn Schulze persönlich angegriffen; ich
habe vielmehr seinen Absichten damals in meiner Broschüre eine viel=
leicht selbst übermäßig warme Anerkennung widerfahren lassen. Das
aber wäre doch unerhört, wenn Herr Schulze den Nachweis, den ob=

jectiven Nachweis, daß seine Bestrebungen die Lage des Arbeiterstandes nicht bessern können, für einen Angriff auf seine Person ausgeben wollte; inzwischen das ist das Wenigste. Aber was liegt ferner in jenen Worten, die ich Ihnen vorgelesen habe? Ich habe nicht verlangt von den Arbeitern, daß Sie die Schulze'schen Associationen aufgeben sollen; dieß ist mir nicht eingefallen. Ich habe den Arbeitern keine solche Alternative gestellt! Ich habe den Arbeitern bloß ausgeführt, daß diese Associationen niemals dem Arbeiterstand helfen könnten, sondern daß sie nur Einzelnen und auch nur in einer beschränkten und sehr bald vorübergehenden Weise helfen können. Ist damit gesagt, daß sie nun solchen Associationen sich entziehen oder solche Associationen nicht bilden sollen, weil diese nur vorübergehend, nur Einzelnen, nicht aber dem ganzen Arbeiterstande helfen? Gewiß nicht, meine Herren! Warum sollten Sie nicht sehen, sich auch einstweilen als Einzelne zu helfen, so gut es geht? Es wäre gerade so, als wenn Jemand einen Einzelnen, der irgendwo besseren Lohn bekommen könnte, sagen wollte, er solle das nicht thun, weil dadurch nicht der ganzen Klasse geholfen wird! Das wäre also lächerlich. Ich also stellte Ihnen in meiner Broschüre eine solche Alternative zwischen mir und den Schulze'schen Associationen nicht. Warum stellt sie Euch Schulze? Warum, wenn er Euch und Eure Sache und die Sache Eures Standes wirklich liebt, warum bedroht er Euch mit der Entziehung jener Capitalien? Ich habe mich an Ihre Vernunft gewendet — und Schulze-Delitzsch antwortet mir mit einer praktischen Drohung!

Aber ferner, meine Herren, was liegt zweitens in dieser Drohung? Ihr seid also nicht unabhängig in Eueren Associationen und es ist nicht Selbsthülfe, wie Schulze Euch vorsagt?! Ihr seid, wie seine Drohung zeigt, von dem guten Willen einzelner Capitalisten abhängig? Das ist die Freiheit und Unabhängigkeit bei Schulze? so widerspricht er sich selbst? Nun, ehe ich von dem Belieben und der Laune einiger weniger Capitalisten abhängig wäre, dann wollte ich doch, wenn dieß anders bei mir der Fall wäre, lieber noch vom Staate abhängig sein, d. h. von dem gesammten geistigen Schicksal der Menschheit und seinem Wandel, als von der Laune einiger weniger Capitalisten. (Allgemeines Bravo!)

Ueberdieß, meine Herren, habe ich das nur als Gegensatz erwähnt; denn wie ich Ihnen das letzte Mal ausgeführt habe, in dem System dieser Credite, die der Staat für Sie zu votiren hat, ist keine Abhängigkeit irgend welcher Art, um so weniger, als ich Sie darauf hingewiesen habe, daß Sie nur durch und mit dem allgemeinen und directen Wahlrecht diese Forderung erlangen können, das allgemeine Wahlrecht aber sich schwer mit einem reactionär und bureaukratisch verwalteten Staat verträgt.

Zwar, man hat gesagt: das allgemeine Wahlrecht ist doch keine

Wünschelruthe. Gewiß nicht! Das weiß ich sehr wohl; aber ich werde Ihnen sagen, was es ist. Es ist jene Lanze, die selbst die Wunden heilt, die sie geschlagen hat. Es ist vollständig möglich, daß Sie beim allgemeinen Wahlrecht ein= und zwei= und dreimal schlecht wählen. Gründet man aber eine politische Institution für ein oder zwei oder drei Jahre? Das allgemeine Wahlrecht belehrt durch seinen Gebrauch; und überdieß, daß Ihnen dann diese Belehrung kommen wird, das ist nicht zu bezweifeln; denn bei Ihnen ist das In= teresse die Mutter der Einsicht, und das Interesse ist eine fruchtbare Mutter!

Hieran knüpfe ich noch eine kurze Erörterung der politischen Frage. Man hat mir zum Vorwurf gemacht, unzeitgemäß die poli= tische Situation, die Entwicklung der politischen Freiheit, zu stören.

Aber wenn irgend Etwas, meine Herren, so ist es gerade eben so sehr die politische Situation, mein politisches Programm, kurz die politische Seite dieser Erhebung überhaupt, was Sie nöthigt ihr zuzu= jauchzen.

Wie? Wäre denn keine demokratische Fiber mehr in Euch? Wäre es wirklich dieser unglaublich schlechten Presse, die seit 15 Jahren Deutschland vergiftet, gelungen, Sie zu entdemokratisiren und in liberale Bourgeois zu verwandeln? in Leute, die an den Fortschritt glauben auf Grund der sogenannten Verfassung in Preußen und des sogenannten preußischen Verfassungslebens? Sind Sie keine Demo= kraten — wozu rede ich zu Ihnen?! Ich habe keine Lust und keinen Beruf, zu Andern zu sprechen als zu Demokraten! (Bravo.) Wenn aber noch eine demokratische Fiber in Ihnen ist, — was wollen Sie mit der Fortschrittspartei? und wie können Sie um der Fortschrittspartei willen gegen mich stimmen, der ich das Banner der Demokratie entrollt habe?

(Stürmisches Bravo.)

Was hat die Fortschrittspartei mit der Demokratie zu thun? Untersuchen wir!

Sie hat selbst den Namen der Demokratie verläugnet; sie ist nicht demokratisch, sie will es nicht sein; und der beste Beweis wäre schon der, daß sie sich selbst nicht mehr so nennt. Würde sie diesen alten und ehrlichen Namen verläugnet haben ohne Grund? würde sie ihn ohne Grund vertauscht haben gegen den unbestimmten und schielenden Namen der Fortschrittspartei, wenn sie demokratisch sein wollte?

Dieses Verläugnen des Namens „Demokratie" ist noch in anderer Hinsicht wichtiger als Sie glauben könnten.

Die Demokratie war das einende Band zwischen der Bourgeoisie und dem Arbeiterstand. Indem man diesen Namen abschüttelte und verläugnete, zerschnitt man von jener Seite her dieses einende Band, pflanzte man das Banner nicht mehr einer demokra= tischen, sondern einer liberalen Bourgeois = Bewegung auf, der Sie folgen sollten und in der That folgten bis auf den heutigen Tag.

Diese Bedeutung hat es, wenn das gleichsam officielle Blatt der Fortschrittspartei zu Berlin, die Berliner Volkszeitung, schon 1859 erklärt hat, es gebe keine Demokratie mehr.*)

Ferner aber abgesehen vom Namen, die Schicksale Deutschlands werden natürlich in den großen deutschen Staaten entschieden und ausgekämpft, nicht in den kleinen, und so muß sich die deutsche Fortschrittspartei schon gefallen lassen, nach ihrem in der Action begriffenen Flügel, nach der Fortschrittspartei in Preußen, beurtheilt zu werden.

Die deutsche Fortschrittspartei ist in Bezug auf mich in einen äußerst lächerlichen Widerspruch verfallen.

Fühlt sie sich identisch, fühlt sie sich als eine und dieselbe Partei mit der preußischen Fortschrittspartei oder nicht?

Fühlt sie sich nicht identisch mit ihr, was will sie von mir? dann habe ich sie nicht angegriffen, dann habe ich sie nicht einmal erwähnt in meiner Broschüre.

Fühlt sie sich aber identisch mit der preußischen Fortschrittspartei — warum ruft sie mir durch den Mund des Dr. Büchner zu:**) ich unterschiede nicht genug zwischen der deutschen und preußischen Fortschrittspartei? — Aber freilich, sie ist mit ihr identisch!

Hat die deutsche Fortschrittspartei ihren preußischen Flügel jemals gemißbilligt? Zeigt sie nicht gerade durch die Erbitterung mit welcher sie in diesem Conflict zwischen der preußischen Fortschrittspartei und mir Partei gegen mich ergriffen hat, von Neuem ihre Identität mit der preußischen Fortschrittspartei?

Die preußische Partei aber hat das allgemeine Wahlrecht nicht auf ihrem Programme; sie hat es nicht nur nicht auf ihrem Programme, sondern nachdem es Herr Streckfuß in Berlin darauf gesetzt hatte, hat sie es einige Tage später gestrichen.

Ich habe dieses mir mitgetheilte Factum bereits in meiner Leipziger Rede erklärt, die lange gedruckt und verbreitet ist. Kein Blatt; kein Mensch hat widersprechen können.

Ueberdieß, meine Herren, die Herrn Faucher und M. Wirth haben sogar in Leipzig ausdrücklich erklärt: da das Drei-Classen-Wahlgesetz eine solche Kammer geliefert habe wie die jetzige preußische, so sehe man ja, man brauche das allgemeine Wahlrecht gar nicht!!

Die Berliner Volkszeitung erklärte schon in ihrer Nr. vom 21. November 1858: „Die Cardinalfrage der Demokratie, das allgemeine

---

*) Siehe z. B. die Art. der Berliner Volkszeitung vom 28., 29., 30. Oct. 1859 u. v. andere.

**) In seinem gedruckten Bericht über meine Broschüre.

und geheime Wahlrecht, haben wir vertagt und auf Jahre hinaus vertagt!"

Aber wenn man auch das Alles verzeihen wollte, wohin hat es
denn diese bürgerlich=liberale Bewegung gebracht, und wohin kann sie
es bringen? Hat sie auch nur ihren eigenen bürgerlich=liberalen
Zwecke erreicht?

Jetzt liegen doch die Thatsachen auf dem Tisch und sollten für
Jedermann klar sein! Wohin, frage ich, hat es die bürgerlich=liberale
Bewegung in den 15 Jahren, die seit 1848 verflossen sind, während
welcher die Demokratie von dem Schauplatz abgetreten war, wohin
hat sie es gebracht?

Nun, von Compromiß zu Compromiß, von Nachgiebigkeit zu
Nachgiebigkeit, von Vermittlung zu Vermittlung dahin, daß wir
heute in Preußen nicht einmal das haben, was in den kleinen con=
stitutionellen deutschen Ländern schon seit den zwanziger Jahren be=
steht, daß wir nicht einmal das Budget=Bewilligungsrecht,
nicht einmal die Grundlage irgend welchen Verfassungs=Staates
besitzen, (Bravo!) daß wir im reinen Absolutismus leben! So
hat die liberale Bourgeoisie Stück für Stück alle Errungenschaften
wieder verloren, welche uns die Demokratie im Jahre 1848 mit ih=
rem Blute erkämpft hat, so weit verloren, daß sie jetzt auch noch das
letzte Recht, an welchem der Bourgeoisie selbst am meisten gelegen war,
das Budget=Bewilligungsrecht verloren hat, und selbst so noch hat
die Fortschrittspartei, welche die große Majorität in der preußischen
Kammer besitzt, sich nicht entschließen können, einen offenen und ent=
schiedenen Bruch mit der Regierung zu erklären, sondern sie nergelt
und vermittelt weiter. Statt, wie ihre unbedingte Pflicht gewesen
wäre, das Tafeltuch zwischen der Regierung und ihr zu zerschneiden,
bleibt sie ruhig an demselben Tisch mit einer Regierung sitzen, die
sie selbst für criminalrechtlich verantwortlich erklärt hat! (Bravo.)

Während sie in ihren Reden selbst erklärt, daß die Regierung
die Verfassung umgestürzt hat, bleibt sie ruhig, Amendement auf
Amendement stellend, sitzen und hilft der Regierung somit den äuße=
ren Schein festzuhalten, als bestände noch ein constitutioneller Zustand
überhaupt.

Sie ist aus Schwäche geradezu der Complice, der Mit=
schuldige der Regierung.

Das Maß unserer Geduld ist also erschöpft und muß es sein.

Warum habe ich mich nicht schon lange erhoben, meine Herren?
denn ich und die entschiedene Demokratie überhaupt, wir haben nie
gezweifelt, daß die von der liberalen Bourgeoisie an Stelle der De=
mokratie gesetzte Bewegung diesen kläglichen Ausgang zuletzt nehmen
müsse.

Wir haben das Jahre lang vorher gewußt, aber wir fühlten die

Pflicht zu warten, bis die Thatsachen auf dem Tisch liegen, Thatsachen, welche die allgemeine Ueberzeugung bestimmen könnten.
Heute ist dieß eingetreten. Wer heute nicht sieht, muß blind
sein oder will nicht sehen.

Heute also ist es ein ganz gedankenloses Gerede, wenn man
mir vorwirft, die Einigkeit aufheben zu wollen, denn wenn die Einigkeit der Güter höchstes wäre, nun, warum sind wir denn nicht Alle,
wir und die Fortschrittspartei einig mit der absolutistischen und Militärpartei und umhalsen uns gegenseitig? (Heiterkeit.)

Also darauf kommt es an, worin man einig ist: eine Einigkeit in der Schwäche, in der Würdelosigkeit und in der Mattheit, die
ist kein Vortheil.

Viel besser ist es, alle frischen Elemente herauszusondern und
um ein großes und starkes Banner zu vereinigen.

Noch vor zwei Monaten hat man mich damit angegriffen, daß
selbst die ganze liberale Presse in England unsere Fortschrittspartei
anerkenne. Es ist wahr, das war noch vor 2 Monaten der Fall.

Lesen Sie aber die Artikel, die seitdem in den „Times", in den
„Daily-News" stehen ꝛc., Artikel die sich nicht mehr gegen die Regierung,
sondern gegen unsere Kammer wenden und geradezu erklären, eine
Kammer, die sich dieß bieten ließe, die sei — wörtlich — der Gipfel
aller Erniedrigung für das Volk. (Bravo.)

Also, was war denn mein Unrecht, meine Herren? Daß ich
eben ein Politiker war, d. h., daß ich um einige Monate voraus
wußte, was einige Monate später alle unparteiisch denkenden Menschen sagen würden!

Wenn man mich also gefragt hat (es ist Dr. Büchner der mir
die Frage gestellt,): „warum warten Sie nicht, bis die Bourgeoisie ihren Kampf mit dem Militär-Staat ausgekämpft hat," nun, so kann
ich Ihnen jetzt die wahre Antwort geben: „Ich habe auf jenen Zeitpunkt nicht gewartet, weil dieser Zeitpunkt niemals kommen wird!

Die liberale Bourgeoisie kann diesen Kampf nie siegreich aus-
kämpfen, das einzige Mittel zur politischen Freiheit ist gerade gleichfalls wieder diese Bewegung, die ich erhoben habe, und das will ich
Ihnen nun beweisen mit Gründen, die immer stärker und mächtiger
anschwellen sollen und für die ich mir Ihre ganze Aufmerksamkeit
erbitte.

Unsere liberale Bourgeoisie, sage ich, kann den Militär-Staat
nicht brechen, kann die politische Freiheit nicht erkämpfen.

Der erste und noch allerschwächste Grund hierfür ist, daß sie
als Klasse untergegangen ist in einer halben Bildung.

Die höchste Bildung erzeugt Kraft, die halbe raubt sie.

Dieß ist aber nur der schwächste Grund. — Ich weise Sie zunächst auf Thatsachen hin.

Hat die Bourgeoifie bei uns jemals ſich zu der Energie der franzöſiſchen Bourgeoiſie von 1789, und 1830 emporgeſchwungen? Hat ſie jemals irgendwo eine energiſche Action hervorgerufen? Niemals!

Als Ludwig XVI. in Frankreich die conſtituirende Verſammlung auflöſen wollte, da antwortete die Bourgeoiſie einſtimmig durch den Mund Mirabeau's: Wir werden nur der Gewalt der Bajonette weichen.

Nun wohl, im Jahr 1849 tagte auch hier in dieſer Stadt eine conſtituirende Verſammlung — und als der König von Preußen die Deputirten zurückrief, da lief die große Majorität eiligſt nach Haus und nur eine kleine Minorität widerſtand und ging nach Stuttgart. — Von den Königen ſagt man: ultima ratio regum, der letzte Grund der Könige, iſt die Kanone.

Unſere Bourgeoiſie wird niemals, geſchehe was wolle, an die Energie eines ſolchen Grundes appelliren! Daran hindert ſie nicht nur die Furcht vor den Regierungen, ſondern auch die Furcht vor dem Volke!

Heute gängelt ſie Sie, aber ſie weiß ſehr genau, daß ſie in der Hitze gewiſſer Ereigniſſe dieſen Einfluß verlieren würde und ſie fürchtet Sie immer noch mehr als den Abſolutismus! Und darum wirft ſie ſich, und wenn es Fußtritte von Oben regnet, immer von Neuem wieder an den Stufen des Thrones winſelnd hin und erklärt die Hoffnung nicht aufzugeben. (Stürmiſches Bravo.)

Erlauben Sie, damit man nicht ſage, daß ich meine Gegner mit meinen Worten ſchildere, daß ich ſie Ihnen mit ihren eigenen characteriſire, daß ich alſo zum Beweiſe eine Stelle aus einer Rede vorleſe, die Schulze-Delitzſch am 30. November v. J., alſo bereits unter dem gegenwärtigen Miniſterium, bereits unter dem gegenwärtigen Umſturz der Verfaſſung in Frankfurt gehalten hat, (ich weiß nicht, ob das Frankfurt a. M. oder Frankfurt a. O. war,): Es iſt eines der Blätter ſeiner Farbe, die Voſſiſche Zeitung, nicht ein demokratiſches Blatt, aus welchem ich ſie vortrage. Er weißt darauf hin, daß es die preußiſche Regierung ſei, die doch einmal hiſtoriſch zur Vollbringung des Einigungswerkes durch ihre Machtſtellung in Deutſchland berufen ſei und fährt wörtlich fort:

„Die Zeit des Abſolutismus der nach eigenem Sinn und mit ſelbſtiſchem Gutdünken die Geſchicke der Völker lenken wollte, ſei vorüber und die ſo vielfach von Gott geſegnete preußiſche Dynaſtie werde auch einen Träger finden, der das geläuterte monarchiſche Princip in wahrhaft richtiger Weiſe zu verſtehen und für das eigene Land, wie für das geſammte Deutſchland zur Geltung zu bringen wiſſen wird. Muth und Ausdauer im Volk würden einen ſolchen Träger in der preußiſchen Dynaſtie ſchaffen, wenn er auch wirklich noch nicht vorhanden ſei." (Großes Gelächter.) „Daſſelbe (das

Volk) lege gerade seine wirkliche politische Reise dadurch an den
Tag, daß es den Weg der Revolution im Gegensatz zu den
andern Völkern verabscheue und den der friedlichen und sittlichen
Agitation betrete."

Und dieß, meine Herren, wurde gesagt, nachdem bereits das Bud=
get=Bewilligungsrecht verweigert und dem Votum der Kammer zum
Trotz die Militär=Organisation eigenmächtig durchgeführt war! Dieß
wurde gesagt in einer Zeit, wo principiell die Dinge ganz so lagen
wie heute!

Wer also, meine Herren, will Sie der Reaction überliefern,
wer will Sie mit Gewalt der preußischen Reaction in die Hände
spielen?

Und unter solchem Banner wollten Sie marschiren? Und unter
solchem Banner glauben Sie eine so ernsthafte und reale Macht, wie
der Absolutismus und bei Militärstaat ist, beugen zu können?

Aus Furcht vor Ihnen zwingt man sich zur Hoffnung nach
Oben; und mit dieser Furcht nach Unten und mit dieser Hoffnung nach
Oben glauben Sie, könnte man Etwas ausrichten?

Wie sagt Goethe?: „Was ist der Philister? Ein hohler Darm
Voll Furcht und Hoffnung, daß Gott erbarm!"
(Gelächter.)

Eine solche Philisterbewegung kann niemals Resultate haben, und
wenn wir Jahrhunderte, und wenn wir durch ganze geologische Erd=
perioden hindurch warten wollten!

Jetzt werde ich aber erst den letzten und wahrhaften Grund geben,
weßhalb die liberale Bourgeoisie die politische Freiheit bei uns nicht
herbeiführen kann.

Ich habe Sie bisher nur auf Thatsachen verwiesen. Sie sollen
jetzt auch ihren tiefsten nothwendigen Grund erfahren.

Wenn wir seit 1848 Schanze für Schanze, Position für Posi=
tion, Alles verloren haben, was wir damals erkämpften, so begreifen
Sie, daß eine solche 15jährige Geschichte nicht zufällig sein kann;
daß sie einen innern Grund haben muß, der sie mit Nothwendigkeit
hervorruft.

Diesen Grund werde ich Ihnen jetzt entwickeln.

Sie werden sehen, daß sich aus diesem Grunde die gesammte
deutsche Geschichte seit 1848, und ebenso die französische seit 1789
erklärt; Sie werden daraus ersehen, daß der Grund für die Energie=
losigkeit unserer liberalen Bourgeoisie im Vergleich mit der französi=
schen durchaus nicht blos im Nationalcharakter liegt, sondern weit
tiefer, und daß der einzige Weg zur Erlangung der politischen Frei=
heit der ist, sich um das Banner zu schaaren, das ich heute ver=
theidige.

Dieser Grund lautet folgendermaßen: die bloß politische
Freiheit kann heute nicht siegreich erkämpft werden, weil kein

materielles Interesse, weil kein Classeninteresse und somit keine Classe hinter ihr steht.

Wer steht denn mit Energie und Aufopferung hinter der politischen Freiheit? Wer?

Ich, und noch etwa tausend Ideologen in Deutschland.

Unter Ideologen verstehe ich in diesem Augenblicke alle Solche, die ihr Lebtage in Büchern gelebt haben und gewohnt sind, in Ideen und Gedanken zu existiren und Alles für sie aufzuopfern. Außer diesen Ideologen vielleicht noch, wenn es hoch kommt, 10 oder 15 Tausend Menschen, zerstreut über ganz Deutschland, die, ohne Ideologen zu sein, durch ihr Naturell mit einer so heißen Liebe für die Freiheit begabt sind. Was kann diese Handvoll Menschen? Aber welche Classe steht hinter der politischen Freiheit? Keine!

Die liberale Bourgeoisie liebt freilich die Freiheit, aber sie liebt sie, wie man ein Ornament im Zimmer, wie man einen schönen Schmuck liebt; kann man ihn haben, ist es gewiß besser; kann man ihn nicht haben, ist es auch gut! Man geht dafür weder ins Wasser noch ins Feuer.

Die Hauptsache für die Bourgeoisie bleiben die materiellen Interessen, Handel und Wandel, Industrie und Production; aber alle diese erfordern Ruhe, und ernste Kämpfe für die Freiheit würden diese Ruhe momentan nur gefährden. Und so begibt sich d e liberale Bourgeoisie noch viel lieber der politischen Freiheit, als daß sie durch einen ernsten Kampf die Ruhe und dadurch ihre materiellen Interessen gefährdet.

Wer also, welche Klasse steht denn hinter der politischen Freiheit? Der Arbeiter vielleicht? Ja, für einige Wochen, für einige Monate freilich, in Folge seines warmen und edelmüthigen Gefühles! Und so kann und wird er auch immer von Neuem, wie im März 1848, momentane Schlachten für sie schlagen und momentane Siege für sie erringen. Aber auf die Dauer kann auch er nicht hinter der bloß politischen Freiheit ausharren! Dieß ist unmöglich.

Die Sorgen für seinen Taglohn, für seine und seiner Familie Existenz nehmen ihn zu sehr in Anspruch; er kann von der bloß politischen Freiheit nicht satt werden, und so muß er zuletzt ermatten und auf die Dauer die Dinge gehen lassen, wie sie eben gehen.

Werfen Sie von hier aus einen Blick auf Frankreich, und es werden sich Ihnen die scheinbar größten Widersprüche in Frankreichs Geschichte, sowohl die Revolution von 1789 wie der Napoleonische Staatsstreich von 1851, übereinstimmend erklären.

Die Revolution von 1789 war durchaus nicht eine bloß politische Revolution: es ist ein hoher Irrthum, dieß zu glauben.

Es war eine sociale Revolution, eine Revolution mit materiellen Interessen; es handelte sich für die Bourgeoisie darum, die feudale Production in Industrie und Ackerbau zu brechen und die freie Ausbeutung des Capitals, die heute überall besteht, an ihre Stelle zu setzen.

Für diese Zwecke hatte sie Energie und Feuer.

Es war eine sociale Revolution, und um solche sociale, materielle Interessen handelte es sich 1789 und auch noch 1830. Als aber unter dem gegenwärtigen Napoleon, von dem freilich nicht zu befürchten war, daß er die feudalen Productionszustände wieder herstellen werde, daß er die materiellen Interessen der Bourgeoisie verletzen könne, als es sich jetzt darum handelte, sage ich, gegen ihn die **bloß politische Freiheit** zu schützen, — da war die französische Bourgeoisie eben so schwach und matt, wie die unsere, und ließ sich und läßt sich nun schon seit 12 Jahren die politische Freiheit ruhig rauben!

Handelte es sich bei uns heute um die socialen Freiheiten für die Bourgeoisie, um die es sich 1789 in Frankreich handelte, um die **Capital-Freiheit** und alle jene materiellen Interessen, die mit ihr verbunden sind, nun, unsere Bourgeoisie würde vielleicht dieselbe Energie finden, wie damals die französische.

Aber um diese materiellen Fragen handelt es sich nicht mehr. Unsere Regierungen haben sich vorgesehen. Sie haben die sociale Seite der 1789er Revolution von selbst und zum Theil seit lange eingeführt; und die **bloß politische Freiheit** vermag die Bourgeoisie nicht ins Feuer zu bringen, vermag sie nur zu frommen Wünschen und unschuldigen Redeübungen zu stimmen.

So habe ich nun gezeigt, daß hinter der **bloß politischen** Freiheit keine Klasse steht und stehen kann.

Ihr entgegen aber stehen die Militärpartei und der Adel, der Absolutismus und die Bureaukratie, und zwar mit der höchsten Energie, mit aller Energie, welche sociale Interessen gewähren, denn für diese Classen handelt es sich darum, die Reste ihrer **Herrschaft** zu vertheidigen.

Hinter der Reaction stehen also Klassen mit der höchsten Energie, die Nägel und Zähne daran setzen; hinter der politischen Freiheit steht keine Klasse, steht Niemand als eine Handvoll Ideologen und Gefühlsmenschen!

Kann es Sie da wundern, daß die politische Freiheit seit 15 Jahren Schritt für Schritt von der Reaction besiegt wurde? Kann es Sie da wundern, daß die Bourgeoisie nicht vermag und nie vermögen wird, ihren Kampf mit dem Militärstaat siegreich auszufechten?

Es ist also gerade das größte Interesse der politischen Freiheit, ein **Classen-Interesse**, ein **sociales Interesse** hinter sie zu werfen, und zwar gerade das Interesse der **an Zahl und Kraft so unendlich überwiegenden unbemittelten Classen überhaupt.**

Jeder, der die politische Freiheit liebt, müßte mir vor Allem dafür dankbar sein, denn auch die politische Freiheit wird nur unter diesem Zeichen siegen!

Sie fühlen jetzt, meine Herren, wohl deutlich, wie lügnerisch es war, mich zu beschuldigen, der Reaction zu dienen!

Ich sage nicht bloß wie unwahr es gewesen! Es würde ganz erstaunlich unter meiner Würde sein, meinen Charakter erst noch zu vertheidigen.

Der rheinische Arbeiterstand, mit dem ich 10 Jahre gelebt habe und der mich kennt, er hat sich in Düsseldorf, Solingen, Köln, Elberfeld mit Entrüstung erhoben, um diese nichtswürdige Verläumbung zurückzuweisen.

Ich sage also nicht bloß; daß diese Beschuldigung unwahr war, sondern daß diese Unwahrheit auch denen bekannt war, welche sie gegen mich vorgebracht; daß sie bewußt und schmählich ins Gegentheil hinein gelogen! Nicht Reaction befürchtet die liberale Bourgeoisie von mir, wie sie behauptet, sondern umgekehrt, sie fürchtet, daß sich aus dieser Agitation im Laufe einiger Jahre das allerernsthafteste Gegentheil von Reaktion entwickeln könnte!

Geben Sie mir 500,000 deutsche Arbeiter, die in meinen Verein eintreten — und unsere Reaction ist nicht mehr! Das weiß unsere Bourgeoisie, das fürchtet sie von mir, deßhalb hat sie sich mit dieser Wuth auf mich gestürzt und während sie fürchtet, daß ich Ernst mache mit der politischen Freiheit, beschuldigt sie mich, der Reaction zu dienen!

Jetzt stimmen Sie über den Antrag, den ich bei Ihrem Präsidenten hinterlegt habe, da es neulich zur Abstimmung über einen ähnlichen, damals von mir eingereichten Antrag nicht gekommen ist.

Jetzt stimmen Sie und Jeder nach seinem Gewissen.

Und noch Eins: die Spaltung zwischen uns und der Fortschrittspartei läßt sich nicht mehr vermeiden.

Es ist eine Spaltung wie die Sonderung der Spreu vom Weizen! Und jedenfalls — diese Spaltung ist einmal eine vollendete Thatsache; Leipzig, Hamburg, Solingen, Düsseldorf, Elberfeld, Köln werden das Banner dieser Bewegung nicht mehr sinken lassen.

Die Spaltung ist da, jetzt ist es nicht mehr Zeit zur Diplomatie und zu Nützlichkeitsrücksichten; auf Ehre und Gewissen muß sich jetzt Jeder von Ihnen sondern zur Spreu oder zum Waizen!

Ueberdieß: noch habe ich das Mißverständniß zurückzuweisen, daß ich eine abgesonderte Bewegung machen wollte mit dem bloßen Arbeiterstande, das ist mir nicht eingefallen.

Das Banner, das ich erhoben, ist das demokratische Banner überhaupt.

Es gibt sehr tüchtige, sehr kräftige Elemente in der Bourgeoisie. Ich selbst und so viel Andere unter uns gehören ja zu ihr. Alle diese werden und müssen sich zu uns halten.

Ich habe natürlich doch Nichts gegen die Glieder eines Standes, dem ich selbst angehöre! Ich erhebe mich nur gegen die schläfrige und matte Bewegung, welche die Bourgeoisie als Classe betreibt und als Classe einzig betreiben kann, gegen die liberal=fortschrittliche Bewegung.

Die Frage ist nur folgende: Sollen wir mit allen tüchtigen Elementen in der Bourgeoisie hinter diesem farblosen, schläfrigen liberalen Banner einhergehen und uns von seiner Schwäche mit an=stecken lassen? Oder aber sollen alle tüchtigen Elemente der Bour=geoisie mit uns hinter dem unserigen einhergehen und von uns mit unserer Energie durchdrungen werden?

Es ist eine allgemeine demokratische Volksbewegung und keine bloße Classenbewegung, zu der ich rufe; kein wahrer Demokrat wird davor zurückschaudern, daß das Loos der arbeitenden Klasse durch eine vom allgemeinen Stimmrecht gewählte Versamm=lung verbessert werden soll. Kein wahrhaft demokratisches Herz wird davor zurückbeben, daß die vereinigte Intelligenz der Ge=sellschaft durch staatliche Maaßregeln den nothleidenden Klassen hel=fen soll.

Es ist dieß im Gegentheil zuletzt der wahre Vortheil aller Classen.

Helfen Sie mir also, dieses Banner hochhalten und binnen Jah=resfrist wird sich um dasselbe versammelt haben Alles, was einen demokratischen Blutstropfen hat in ganz Deutschland! (Bravo!)

Noch ein letztes Wort ehe ich schließe. Das können Sie nicht entscheiden, daß ich Unrecht habe! Ich bin gerechtfertigt schon heute vor allen wahrhaften Männern der Wissenschaft und werde jedenfalls eines Tags gerechtfertigt sein vor der Geschichte; denn so gewiß ich vor Ihnen stehe, so gewiß ist es, daß eine Zeit kommen wird, welche solche Staatseinrichtungen sehen wird.

Aber in Einem werde ich Unrecht haben, wenn Sie gegen mich stimmen. Wenn Sie, wenn die große Majorität des deutschen Arbeiterstandes gegen mich stimmen kann, so wird dann bewiesen sein, daß der deutsche Arbeiterstand noch nicht reif ist zur Klarheit und Einsicht und daß es deßhalb vorzeitig ist, ihn befreien zu wollen.

Stimmen Sie gegen mich, stimmt die große Majorität des deut=schen Arbeiterstandes gegen mich, ja, dann werde ich zu Herrn Schulze sagen: Sie haben Recht, diese Leute sind noch nicht so weit, daß ihnen geholfen werden kann!

Sähe ich nur auf mich und meinen natürlichen Lebens=Egoismus, meine Herren, so würde ich heiß wünschen müssen, daß Sie gegen mich entschieden, denn würden Sie und nicht nur Sie, sondern wirklich der deutsche Arbeiterstand in seiner großen Majorität gegen mich entschei=den, dann würde ich, gerechtfertigt vor der Wissenschaft und sicher, einst gerechtfertigt zu sein vor der Geschichte, mich ruhig wieder in die Wissenschaft zurückziehen, mich mit einem traurigen Lächeln über Ihre

Unreife etwa an dem Golf von Neapel ausstrecken und die linden Lüfte
des Südens über mich hinwehen lassen. Ich würde ein Leben voller
Qual, Anstrengung, Aerger und Aufreibung ersparen. Für mich
also würde es äußerst leicht sein, dieß zu tragen.

Sie aber, meine Herren, Sie würden einen der besten Freunde
Ihrer Classe verlieren und nicht nur mich, vielleicht auf Decennien
hinaus würde sich Jeder abschrecken lassen, der Ihrer Classe helfen
wollte. Er würde sich sagen: diese Classe ist noch nicht so weit,
lassen wir uns durch das Beispiel Lassalle's warnen! Und darum
sage ich Ihnen, meine Herren, bei der ganzen Liebe, die ich zu der
Sache der arbeitenden Classen in mir trage, meine ganze Seele hängt
an Ihrer Abstimmung.

Jetzt stimmen Sie!

(Lautes anhaltendes Bravo.)

Nachdem mehrere Redner für und wider Herrn Lassalle gesprochen
und nachdem circa 40 Mitglieder mit einem Hoch auf Schulze=Delitzsch
den Saal verlassen hatten, erfolgte bekanntlich die Abstimmung mit
über 400 Stimmen gegen eine zu Gunsten der von Herrn Lassalle
gestellten Anträge.

I.

Anhang.

~~~~~

Wir laffen hier noch einige auf den Hergang bei der Frankfurter Verfammlung bezüglichen Documente folgen:

1) Bei dem Unglauben, auf welchen es in andern Städten vielfach geftoßen ift, daß das Central=Comité des Maingau's alle Arbeiter, die nicht Mitgliebe oder Arbeiterbildungsvereine, vom Stimmrecht ausgefchloffen habe, laffen wir zum Beweis deffen hier die Ankündigung des Central=Comité's aus der . . . . Zeitung folgen:

Arbeitertag.

Sonntag den 17. Mai, Nachmittags 3 Uhr, im großen Saale des Saulbaues.

Tagesordnung:

1) Antrag des Mainzer Arbeiter=Bildungsvereins in Betreff des Befuchs öffentlicher Spielhäufer;
2) Antrag in Betreff der Aufforderung des Leipziger Comité's zur Bildung eines deutfchen Arbeiter=Verein's auf Grund des Laffalle'fchen Prógramms.

Der Saal wird um 2½ Uhr geöffnet.

Der untere Saalraum ift für die Mitglieder der Arbeiter=Vereine refervirt, welche ihre Mitglieder=Karten vorzuzeigen haben.

Die Gallerien find für Zuhörer geöffnet und haben diefelben 6 Kreuzer per Perfon als Beitrag zu den Tageskoften zu entrichten.

Eintrittskarten zu den Logen find von Freitag den 15. Mai an auf dem Bûreau des Central=Comité's (große Efchenheimergaffe 31) zu haben.

Selbftändige auf die Tagesordnung bezügliche Anträge find bis fpäteftens Freitag den 15. Mai bei dem Centra=Comité einzureichen.

Durch eine weitere Bekanntmachung werden die auswärtigen Vereine rechtzeitig Nachricht erhalten, welche Eifenbahn=Directionen eermäßigte Fahrpreife bewilligen.

Das Central=Comité der Arbeiter des Maingaues.

2) Der unwahren Behauptung der Frankfurter Handelszeitung und anderer liberalen Blätter gegenüber, daß am 17. Mai die „große Masse der Arbeiter" mit einem Hoch auf Herrn Schulze-Delitzsch den Saal verlassen habe, drucken wir hier die in verschiedenen Frankfurter Blättern von Herrn Dr. Th. Müller, dem Präsidenten des Frankfurter Arbeiterbildungsvereins, veröffentlichte Erklärung, „Einige Zahlenlügen" ab.

„Arbeitertag

17. Mai, im Saalbau zu Frankfurt am Main.

Einige Zahlenlügen.

Es waren beim Beginn der Verhandlungen nach einer Zählung des Herrn Dr. Huhn **527** Mitglieder von Arbeitervereinen des Maingaues zugegen.

Nach eigener Erklärung einiger Mitglieder des Centralcomités faßt der Raum höchstens 600 Personen.

Von dem Centralcomité wurden **1300** anwesende Mitglieder von Arbeitervereinen des Maingaues in das Protokoll verzeichnet!!!

Beim Schlusse der Versammlung wurde inmitten einer Schaar von höchstens 60 Personen, während dieselben den Saal verließen ein dreifaches Hoch auf Schulze-Delitzsch ausgebracht.

An diesem Hoch sich nicht betheiligende Personen waren 200 bis 250 zugegen.

Widerspreche wer kann!

Dr. **Th. Müller**,
Vorsitzender des Arbeiterbildungsvereins
zu Frankfurt am Main."

3) Der unwahren Behauptung der Frankfurter liberalen Presse gegenüber, daß zwischen dem Centralcomité und Herrn Lassalle vereinbart worden sei, daß derselbe am 14. Juni in Darmstadt den Schluß seiner Rede geben solle, veröffentliche ich hier den Brief des am 17. Mai beim Schlusse der Sitzung fungirenden Präsidenten Herrn Lachmann aus Offenbach an mich:

Offenbach, den 22. Mai 1868.

Geehrter Herr!

Gerne bin ich bereit, Ihren Fragen wahrheitsgetreu zu antworten, glaube auch, daß von beiden Parteien, gerade ich einer der Wenigen war, die aufrichtig an diesem Tage keiner Partei angehörten.

Aber fast alle übrigen für und gegen Sie, sowie sie selber (verzeihen Sie geehrter Herr diesen Ausdruck) waren leidenschaftlich und ließen sich im Drange der Gefühle fortreißen, daher klingt manches

Wort heute hart was man doch am Sonntag für Recht hielt. Nun zur Sache. Vor dem Schluß der Versammlung am 17. l. M. hatten Sie Herr Lassalle mir auf meine Frage, ob Sie, wenn sich die heutige Versammlung etwa vertagen ließe oder würde so freundlich wären und in 4 Wochen die Fortsetzung Ihrer Rede hier in Frankfurt oder in Darmstadt halten würden — laut und vernehmlich ja! geantwortet, es schien Ihnen sogar erwünscht zu sein. Solches hörten die Herrn A. König (vom Centralcomité) wie der Herr L. Sonnemann mit an, doch eine weitere Verhandlung hierüber kam einstweilen nicht vor.

Der Versammlung wurde so lange ich präsidirte nur wiederholt angezeigt, daß in 4 Wochen, wenn alle Redner für und gegen sich deutlich und bestimmt ausgesprochen, so daß alles verstanden, soll eine Abstimmung erfolgen.

Kurz zuvor der Arbeitertag geschlossen wurde und mehrere Herren die Tribüne betraten, auch viele derselben Fragen an Sie richteten, also an ein richtiges Uebereinkommen nicht zu denken war, erklärte der Herr Heymann von der Tribüne: Dienstag Abend wird Herr Lassalle im Vereinslocale zu Frankfurt a. M. seinen Vortrag bis zu Ende abhalten und ladete die Anwesenden die Lust zur Sache hätten dazu ein.

Darauf hin schloß ich die Versammlung.

Später fragte ich Sie nochmals (als die Ruhestörer fort waren) ob Sie jetzt vielleicht geneigt wären für uns, die Sie bis zu Ende anhören wollen, Ihren Vortrag abzuhalten. Sie aber werther Herr wiesen solches entschieden zurück.

Das ist der Sachverhalt, wahr und getreu soweit in meinem Gedächtniß.

Hochachtungsvoll

A. Lachmann.

Es ist in diesem Briefe selbst constatirt, daß die vom Präsidenten während der Sitzung in den Pausen an mich gerichtete Frage, ob ich, „wenn sich die Versammlung etwa vertagen würde," wieder zu kommen bereit sei, nur eine eventuelle und von keiner Vereinbarung gefolgte vorläufige Anfrage war.

Die Anfrage hatte überdieß nicht den Sinn, ob ich zur Fortsetzung meiner Rede wieder kommen wolle und konnte diesen, so lange die Sitzung nicht geschlossen wurde, gar nicht haben. Denn Niemand konnte wissen, daß ich später gezwungen sein würde, meine Rede abzubrechen. Ich selbst konnte nicht anders voraussetzen, als daß ich sie zu Ende halten würde, wozu, da die Versammlung am 17. um 8 Uhr schloß und der folgende Theil meiner Rede am 19. nur noch 1½ Stunden in Anspruch nahm, auch sehr wohl die erforderliche Zeit vorhanden gewesen wäre. Die Anfrage hatte vielmehr den Sinn, ob ich, wenn nach Beendigung meiner Rede an diesem Tage keine Zeit mehr für die Gegner zur Antwort wäre, zur Fortsetzung der Debatten am 14. Juni erscheinen wolle. Hierauf einzugehen wäre ich, falls ich zu Ende gehört worden wäre, nicht abgeneigt gewesen, um nun auch die Gegner zu hören und ihnen zu repliciren, und dieß war es, was ich Herrn Dr. Büchner und Lachmann auf ihre vorläufigen eventuellen Anfragen geäußert hatte.

Nachdem ich aber durch provocirte Unarten genöthig gewesen war, meine Rede abzubrechen, konnte selbstredend eine solche Bereitwilligkeit bei mir nicht mehr vorhanden sein und war nun so wenig vorhanden, daß, wie der Präf. Herr Lachmann constatirt, nicht nur kein solches Uebereinkommen mit mir getroffen, sondern von mir noch vor Schluß der Versammlung durch Herrn Heymann die Fortsetzung der Rede auf den 19. Mai verkündet und auch „nach Abzug der Ruhestörer" sogar die sofortige Fortsetzung der Rede entschieden verweigert wurde.

F. Lassalle.

II.

Anhang.

~~~~~~

Lassalle und die Statistik.

Aufsatz von Wilhelm Wackernagel in der Deutschen Allgemeinen
Zeitung vom 7. Juni.

(Der Verfasser ersucht diejenigen Redactionen von Zeitschriften, welche
über den Vortrag Lassalle's auf dem maingauer Arbeitertag berichtet haben, um gefälliger Abdruck dieses Aufsatzes.)

„Die Lüge ist eine europäische Macht!" so begann Lassalle seinen „Aufsatz über die französischen Nationalwerkstätten von 1848"
(Nr. 101), und er that recht daran, denn er weiß selbst am besten,
wie man diese Macht für seine Zwecke in Bewegung zu setzen vermag. Das Sprüchwort sagt: „Was ich denk' und thu', trau' ich
andern zu"; so hat denn auch Lassalle sich bewogen gefunden, meinen
an ihn gerichteten „Offenen Brief" als ein Lügengewebe zu bezeichnen, indem er auf dem maingauer Arbeitertag am 17. Mai (Nr. 117)
mir und der liberalen Presse vorgeworfen hat, daß wir den Arbeitern
die Wahrheit ableugneten, um sie über ihre Lage zu täuschen, daß
wir die Thatsachen entstellten, um sie über ihre Macht zu belügen,
daß wir nur die Zahlen fälschten, um ihnen die Macht zu verbergen
(der Referent bemerkte: „Lassalle wiederholt das Wort „Macht" von
Zeit zu Zeit und spricht es jedesmal mit gewichtiger Betonung"),
daß er aber die Thatsachen fort und fort wiederholen werde, und wenn
Hr. Wackernagel und die liberale Presse vor Wuth bersten ꝛc.

Laſſalle's neueſte Staatsphiloſophie wird bekanntlich von zwei Säulen getragen, einmal von b r Thatſache, daß 96 Procent der Bevölkerung in gedrückter Lage leben, und zweitens von dem ehernen, grauſamen Geſetz Ricarbo's über die Regulirung des Arbeiterlohns. Laſſalle hat auch jene Zahl durch das Beiwort „grauſig" jeder Discuſſion zu entrücken geſucht, denn er wußte ſehr wohl, daß bei näherer Beleuchtung derſelben dieſe Grauſigkeit gar ſehr dahinſchwinden würde. Wie der Prieſter eines vernichteten Cultus, vor Wuth und Grimm ſich verzehrend, an den Trümmern der geſtürzten Tempelſäulen lehnt, ſo ſchleudert auch Laſſalle ſeine zornigen Blicke und ſeine wuthburchzitternden Flüche auf die „barbariſchen" Anhänger der Mancheſterſchule, die ihm ſo erbarmungslos die Säulen ſeines Heiligthums umgeſtürzt haben.

Laſſalle wird, wenn er dieſen Aufſatz lieſt, merken, daß er, ſtatt die Gegner mit ſeinen „Keulenſchlägen" zu zermalmen, nur ſich ſelber zermalmt hat, und daß er von den Dingen, über welche „er mit kräftiger Fauſt Schriften auf den Markt ſchleudert", herzlich wenig verſteht. Aus einem Dutzend ſtatiſtiſcher Werke Zahlen ausſchreiben, kann jeder; die Kunſt beſteht darin, dieſe Zahlen leſen zu können.

Laſſalle hat nach dem Referat in der Deutſchen Allgemeinen Zeitung zu Frankfurt geſagt:

Herr Wackernagel ſagt: Ich (Laſſalle) habe überſehen, daß Dieterici nur die klaſſenſteuerpflichtige Bevölkerung gemeint, und die, welche Mahl- und Schlachtſteuer zahlen, nicht mitgerechnet habe. Die klaſſenſteuerpflichtige Bevölkerung zählte nach Dieterici's Berechnung damals 14 Mill., die mahl- und ſchlachſteuerpflichtige 2 Mill. Wenn alſo Dieterici (ſoll heißen: Laſſalle) den Procentſatz von 14. Mill. genommen, ſo wird doch jeder Statiſtiker, der einiges Verſtändniß hat, auch denſelben Satz auf die übrigen 2 Mill. übertragen. Leuten, die nichts verſtehen und nichts lernen wollen, iſt dies freilich nicht begreiflich zu machen. Ich habe manche ſchwere Arbeit hinter mir; wollte ich aber hier die aufräumen, das wäre für mich ein Augiasſtall. (Tumult, Gelächter.)

Das iſt ſo einer von den „Keulenſchlägen" Laſſalle's, mit denen er — ſich ſelbſt zermalmt.

Was ſagt die Statiſtik und was ſagen ſpeciell Dieterici's „Mittheilungen des Statiſtiſchen Bureau"? Schlagen wir Bd. 7, Jahrg. 1854, S. 180 und 206 auf*), da finden wir, daß im Jahre 1853 der preußiſche Staat eine Bevölkerung von 16,869,786 Seelen zählte, davon

---

*) Auf den betreffenden Aufſatz, welcher eine ſtatiſtiſche Ueberſicht der Klaſſen- und claſſificirten Einkommenſteuer für 1853 gibt, hat Laſſalle ſein neueſtes Opus: „Die indirekte Steuer und die Lage der arbeitenden Klaſſen" (Zürich, Meyer u. Zeller) baſirt

A. in klaſſenſteuerpflichtigen Ort=
ſchaften lebend 14,931,551,
darunter einkommenſteuerpflich=
tig, d. h. zur erſten Klaſſe Laſ=
ſalle's gehörend . . . . . 21,639 oder $0_{,1\,45}$ Proc.
B. in mahl= und ſchlachtſteuerpflich=
tigen Ortſchaften lebend . . 1,938,235,
darunter einkommenſteuerpflichtig 22,768 oder $1_{,175}$ Proc.

Der Procentſaß war alſo im Jahre 1853 für die mahl= und
ſchlachtſteuerpflichtige Bevölkerung ein achtmal höherer als für die
klaſſenſteuerpflichtige Bevölkerung. Herrn Laſſalle paßt, wie ſpäter
gezeigt wird, dieß nicht in ſeinen Kram; flugs becretirt er, daß der=
ſelbe Procentſaß für B wie für A gelten ſolle, und wer nicht dieſer
Weiſung Ordre parirt, wird mit dem „Keulenſchlage" zermalmt, daß
er zu den „Leuten" gehöre, „die nichts verſtehen und nichts lernen
wollen".

Hercules=Laſſalle mag, um an das Bild von „Augiasſtall" an=
zuknüpfen, die Keule, mit welcher er ſeine Gegner, mehr noch ſich
ſelbſt zermalmt, getroſt in die Hände ſeiner Omphale niederlegen, um
den Mord zu ſühnen, den er an ſeinem „europäiſchen Rufe" began=
gen hat, denn wir wenden uns bereits einer zweiten (Selbſt=) Zer=
malmung zu.

Laſſalle hat unterm 1. März d. J. in ſeinem „Offenen Ant=
wortſchreiben" (S. 29), nachdem er Dieterici's „Mittheilungen des
Statiſtiſchen Bureau" (Bd. 3, S. 243) als Quelle angegeben, ſich
ſich in folgender Weiſe vernehmen laſſen:

Ich ſeße Ihnen die Reſultate dieſer (der Dieterici'ſchen) Berechnung in
wörtlicher und zahlenmäßiger Treue hierher. Hiernach beſißen von der Be=
völkerung des preußiſchen Staats ein Einkommen über 1000 Thlr. ½ Pro=
cent der Bevölkerung.

Laſſalle hat am 17. Mai den maingauer Arbeitern auch aus
Dieterici's „Mittheilungen des Statiſtiſchen Bureau" (Bd. 7, S. 179)
Folgendes vorgeleſen:

Es ſind hiernach (pro 1858) überhaupt 44,40⁻ Perſonen zur claſſificir=
ten Einkommenſteuer veranlagt; nimmt man an, daß jede Perſon eine Fa=
milie oder einen Hausſtand von 5 Perſonen repräſentirt, ſo ſind dies über=
haupt 222,035 Seelen und von der Geſammtbevölkerung des Staats mit
18,869.786 Seelen nur $1_{,81}$ Proc., welche als wohlhabend bezeichnet wer=
den können.

(Beiläufig bemerkt ſtellt ſich die Sache für 1858 ſo, daß von 17,739,913
Seelen Einkommenſteuer 63,312 zahlten, welche 316,560 Seelen oder $1_{,78}$
Proc. der Bevölkerung repräſentiren.)

Die „wörtliche zahlenmäßige Treue" der ½ Proc. hat alſo ge=
rade vom 1. März bis zum 17. Mai ausgereicht. Laſſalle hatte ein=

fach übersehen, daß die Dieterici'schen Procente sich nicht auf die Ge=
sammtbevölkerung, sonder auf die Zahl der zur Steuer veranlagten
Personen (Haushaltungen und Einzelsteuernde) beziehen. Lassalle nimmt,
als ob dies weiter gar nichts zu bedeuten hätte, die Revission höchst
eigenhändig vor und erhöht für das Jahr 1853 seine erste Klasse
von ½ auf 1 $3/10$ Proc. Lassalle gönnt diesen Triumph höchst groß=
müthig seinen Gegnern, denn seine zweite Klasse rettet seine Ehre!
Er schreibt ihr 3 $3/10$ Proc. zu, sodaß immer noch 95 $4/10$ oder 96
Proc. für die drei untersten, in gedrückter Lage lebenden Klassen der
Bevölkerung übrig bleiben, ganz seinen Ausführungen im „Offenen
Antwortschreiben" entsprechend. „Sie sehen", so fährt er fort, „die
Wahrheit der Thatsachen; ich werde sie fort und fort wiederholen,
nnd wenn Herr Wackernagel und die liberale Presse vor Wuth ber=
sten. Man fälscht nur die Zahlen rc."

Es hätte Lassalle doch jedenfalls stutzig machen müssen, daß,
während seine erste Klasse sich um mehr als das Dreifache von $4/10$*)
auf 1 $3/10$ Proc. erhöht, die zweite Klasse nur von 3 ¼ auf 3 $3/10$
Proc. sich hebt; Lassalle schlüpft hurtig darüber hinweg und wirft
vielmehr seinen Gegnern vor, daß sie die Zahlen fälschen. Wir wer=
den das plumpe Becherspiel Lassalle's aufdecken, damit jeder weiß, wer
die Zahlen fälscht.

Lassalle erlaubt sich die zweite Klasse seines „Offenen Antwort=
schreibens" (Einkommen 1000—400 Thlr. abwärts) mit einer ganz
anders und viel enger abgesteckten Klasse (Einkommen 1000—500
Thlr. abwärts, dritte Hauptklasse des Gesetzes vom 1. Mai 1851,
§. 9) zu vertauschen; er läßt dabei die beiden obersten Steuerstufen
(die siebente und achte) der zweiten Hauptklasse **), welche nach Die=
terici die Einkommen von 500—400 Thlr. abwärts umfassen, ohne
darüber ein Wort zu verlieren, unter den Tisch fallen!

Ein echtes Jongleurstückchen!

In der siebenten Stufe steuerten aber 73,393, in der achten
32,721, in beiden zusammen also 106,144 Personen, welche, zu den
in der III. Hauptklasse steuernden 91,530 hinzugerechnet, für die
zweite Lassalle'sche Klasse (Einkommen von 1000—400 Thlr.) 197,644
Steuerzahler oder mit 5 multiplicirt 988,220 Seelen ergeben, wohl
bemerkt für die klassensteuerpflichtigen Ortschaften! Hierzu sind aber
nun noch die in gleicher Lage befindlichen Seelen zu rechnen, welche
in mahl= und schlachtsteuerpflichtigen Ortschaften leben.

---

*) In Dieterici's „Mittheilungen des Statistischen Bureau" (Bd. III l. c.)
— 0,40!

**) Die II. Hauptklasse soll nach Dieterici (Bd. VII l. c.) die Ein=
kommen von 250—500 Thlr. umfassen und ist in fünf Stufen (die vierte
bis achte) abgestuft, von denen jede 50 Thlr. greift.

In der ersten Klasse kamen im Jahre 1853 auf 13,931,551 in klassensteuerpflichtigen Ortschaften lebenden Seelen 5 × 21,639 oder 108,195, oder 0,₇₂₅ Proc., die an einem Familieneinkommen von 1000 Thlrn. und darunter participirten; dagegen auf nur 1,838,235 in mahl= und schlachtsteuerpflichtigen Ortschaften lebenden 5 × 22,768 oder 113,840, zusammen 222,035 Seelen, oder 5,₈₇₅ Proc., wie auch die Tafel bei den „Mittheilungen des Statistischen Bureau", Bb. VII., S. 206, ergibt; man wird also auch in der zweiten Klasse zu den 988,220 (oder 6,₆ Proc.) in klassensteuerpflichtigen Ortschaf= ten lebenden Seelen die nach demselben Verhältniß ermittelte Quote von 1,039,779 (53,₆ Proc. Seelen für die mahl= und schlachtsteuer= pflichtige Bevölkerung hinzunehmen müssen, was für die Gesammtbe= völkerung von 16,869,786 Seelen 2,027,999 Seelen oder 12 Proc., und nicht 3¼ Proc., wie im „Offenen Antwortschreiben" angegeben ist, ergibt.

Der dritten Klasse des „offenen Antwortschreibens" (Einkommen von 400—200 Thlr. abwärts) entsprechen die drei untern Steuer= stufen (die vierte, fünfte und sechste) der zweiten Hauptklasse mit 186,945, 64,424 und 106,840, zusammen 358,209 Steuerzahlern, welche ein Fünffaches an Seelen, nämlich 1,791,045 repräsentiren; für diese läßt sich in dem Rest der mahl= und schlachtsteuerpflichtigen Bevölkerung gar keine Quote nachweisen. Und in der That, in Städten wie Berlin, Breslau, Köln, Königsberg, Magdeburg, Danzig hört es mit den Familien nach unten hin zwischen einem Einkommen von 400—200 Thlr. allmählig auf; es beginnen die Einzelexistenzen. Ein Blick auf die Miethsverhältnisse Berlins lehrt dieß in drei Zah= len. Stadtrath Hermann Duncker hat im Jahre 1857 einen Beitrag zur Statistik der berliner Wohnungsverhältnisse herausgegeben; nach demselben betrug die Gesammtzahl der Wohnungen in Berlin im Jahre 1857 87,027, darunter 11,323 oder rund 13 Proc. in einem Miethswerth von 15—30 Thlrn., und 26,887 oder rund 31 Proc. in einem Miethswerth von 31—50 Thlrn., der Rest von 56 Proc. hatte einen Miethswerth über 50 Thlr.! Daß in Städten wie die namhaft gemachten eine Familie von fünf Personen von einem Ein= kommen unter 100 Thlrn. gar nicht existiren kann, liegt auf der Hand; es ist zudem auch gar nicht ersinnlich, welchem Erwerbszweig die betreffenden „Familienglieder" angehören sollten, da selbst der ge= wöhnlichste Taglöhner zu Berlin weit über 100 Thlr. im Jahr ver= dient und der „Arbeiter" sich mindestens 3 Thlr. per Woche steht, deßgleichen in keinem Gewerk Gesellen, die unter diesem Wochenlohn arbeiten, anzutreffen sein möchten. Familien der Lassalle'schen fünften Klasse (mit Einkommen unter 100 Thlrn.) können in den größern der Mahl= und Schlachtsteuer unterliegenden Städten gar nicht exi= stiren; ja selbst in der vierten Klasse (Einkommen von 200—100 Thlrn.) wird die Zahl der Familien eine ziemlich geringe sein, indem man die Jahreseinnahmen des Mannes mit 150 Thlrn. im Minimum rechnen kann und die Frau bei so bewandten Umständen auch in der Ehe noch durch Arbeit Geld zu verdienen gezwungen ist. Für die größern Städte stellt sich das Verhältniß so, daß zu Familien mit einem Einkommen unter 400 Thlrn. allerhöchstens 40 Proc. der Bevölkerung gehören, und nicht 96 Proc., wie Herr Lassalle glauben machen will. Dieß der Grund, warum in Berlin z. B. seine Agitation so gewaltig Fiasko gemacht; Lassalle hat sich eben Bevölkerungsschichten als vorhanden gedacht, die in dem von ihm vorausgesetzten Umfange überhaupt nicht existiren und von denen am allerwenigsten in den größern Städten die Rede sein kann. „Arbeiter", d. h. Leute, welche den redlichen Willen haben, zu arbeiten, gehören, sobald sie eine „Familie" begründen, nicht zu den 89 Proc. der nothleidenden Klassen des Herrn Lassalle.

Die Bevölkerung der großen Städte, z. B. Berlins, besteht zu 6 Proc aus „Wohlhabenden", zu 53 Proc. aus Familien des sogenannten mittlern Bürgerstandes, wozu namentlich auch die meisten Beamten, Aerzte, Lehrer rc. gehören, und zu 40 Proc. aus dem niedern Bürger und Arbeiterstande (dem kleinen Handwerker, den Gehülfen, Gesellen, Fabrikarbeitern) und der dienenden Klasse, welcher nach unten zu in die verarmten Schichten der Gesellschaft, die Paupers, sich verliert, wo Almosen oder Verbrechen die Existenz fristen müssen. Wer freilich, wie Lassalle dieß in seinem neuesten Opus thut, „wirkliche" Wohlhabenheit erst von 2000 Thlrn. Einkommen an rechnet und den Consum von Austern und Champagner als Maßstab dafür betrachtet, mit dem ist weiter nicht zu rechten.

Lassalle ist übrigens auch in dieser seiner sogenannten „Magenfrage" keineswegs Original. Es gibt ein Werk von Friedrich Engels: „Die Lage der arbeitenden Klasse in England" (Leipzig, Otto Wiegand, 1848), welches dieselbe Feindschaft gegen die „Bourgeoisie" athmet, die Herr Lassalle herauskehrt, und dieselben zum Theil sich direct widersprechenden Vorwürfe gegen die Manchesterschule schleudert, die Lassalle auf die Deutsche Fortschrittspartei wälzt. Auch die vor einer Versammlung von Arbeitern des Maingaues als mal à propos so urkomische Geschichte von der „Spinnmaschine", von deren Erfindung die den Arbeiter ruinirende Concurrenz des Kapitals herdatiren soll, ist aus der Einleitung des Engels'schen Werkes ohne jede Sachkenntniß entlehnt; denn Engels spricht von Manchester, Lassalle sprach zu einer Arbeiterversammlung, die vermuthlich keinen einzigen Maschinenspinner unter ihren Mitgliedern zählte! Engels schildert nun S. 275—277 die charakteristische Bewegung in den englischen FabrikDistricten vom Jahre 1838. An der Spitze derselben stand das „Comité der Allgemeinen Londoner Arbeitergesellschaft" und namentlich der Präsident desselben, William Lovett. Die Volkscharte führte sechs Punkte auf, deren erster und Hauptpunkt war: „Allgemeines

Stimmrecht für jeden mündigen Mann, der bei gesundem Verstand und keines Verbrechens überführt ist". Alle sechs Punkte beschränkten sich auf die Constituirung des Unterhauses; des Oberhauses wird mit keiner Silbe erwähnt. Unter den Arbeitern wurde genau wie heute agitirt. Ein methodistischer Geistlicher, Stephens, redete eine Versammlung auf dem Kersall-Moor bei Manchester folgendermaßen an: „Der Chartismus, meine Freunde, ist keine politische Frage, wobei es sich darum handelt, daß ihr das Wahlrecht bekommt; sondern der Chartismus, das ist eine Messer- und Gabelfrage („Magenfrage" bei Lassalle); die Charte das heißt: gute Wohnung, gutes Essen und Trinken, gutes Auskommen und kurze Arbeitszeit." Engels fügt hinzu: „Bei allen Meetings dieser Epoche war der Tory Oastler mit thätig."

Lassalle hat ganz nach der bei Engels angegebenen Schablone der englischen Chartisten gearbeitet und genau mit demselben negativen Erfolg. Die chartistische Bewegung führte in England zu der allgemeinen Verbreitung der auf Selbsthülfe beruhenden Associationen; genau so wird es auch in Deutschland der Fall sein. Lassalle, der Lovett Deutschlands, wird genau dasselbe Schicksal theilen. In wenigen Jahren wird sein Name neben dem von Schulze Delitzsch nur so genannt werden, wie etwa der des Dr. Johann Eck neben dem unsers Luther — um mit einem Bild zu schließen, welches den Leipzigern aus der Geschichte ihrer Stadt geläufig ist.

Elberfeld, 1. Juni 1863.   Wilhelm Wackernagel.

Herr Wackernagel oder der moderne Herostratus.

Herr Wackernagel hat sich, ein moderner Herostrat, vorgesetzt, den Ruhm zu erringen, alle Fälschungen, die in dem gegenwärtigen Streit gegen mich vorgebracht worden, weitaus zu übertreffen und so eine Bekanntheit zu erlangen, die wir ihm nicht verweigern können.

Er hat sich zu diesem Zweck eine Domäne gewählt, die sich freilich sehr dazu eignet: die Zahlendomäne, in welcher wenige Menschen bewandert und in Bezug, auf welche auch Solche, die darin vollstän-

big zu urtheilen fähig sind, sich nur höchst selten und schwer der
Mühe unterziehen, die angezogenen Tabellen nachzuschlagen, die Zahlen
nachzurechnen, die Argumente, auf denen sie innerlich beruhen, zu
kritisiren und sich so der Entstellungen und groben Täuschungen be=
wußt zu werden, die man mit einer staunenswerthen Dreistigkeit
verübt.

Zwar, ich habe bereits in meiner Frankfurter Rede die Entstel=
lungen und positiven Unwahrheiten des Hrn. Wackernagel hinreichend
dargethan und nunmehr nicht mit statistischen Durchschnittsberechnun=
gen, sondern mit positiven, den amtlichen Steuerlisten entnommenen
Zahlen bewiesen, daß höchstens 1,31 Procent der Gesammtbevöl=
kerung Preußens über 1000 Thlr. Einkommen und, diese eingerech=
net, nur 4⁶/₁₀ Procent der Bevölkerung Preußens ein
Einkommen von 500 Thlrn. und darüber — und zwar ausdrück=
lich auf die Familie von 5 Köpfen gerechnet — genießen.

Der dort und resp. zum Theil noch ausführlicher in meiner
neuesten Schrift „Die indirekte Steuer und die Lage des Arbeiter=
standes" geführte Nachweis ist von einer Schärfe und Positivität,
welche jeder Verdrehung spottet.

Aber Herrn Wackernagel läßt sein böses Gewissen und sein
Ruhmesdurst nicht schlafen! Er hat aus den Zeitungen von meiner
Frankfurter Rede gehört und beeilt sich, derselben mit einem Aufsatz
„Lassalle und die Statistik" in der Deutschen Allgemeinen Zeitung
vom 7. Juni zuvorzukommen, der Satz für Satz so voll ist von den
widerlichsten Unwahrheiten, Entstellungen und Verdrehungen, daß die
Ueberwindung des Ekels, die zu einer Beantwortung erforderlich,
wahrlich eine harte Aufgabe ist.

Gleichwohl wollen wir uns zum Besten der Sache dazu ent=
schließen.

Erster Punkt. Herr Wackernagel wirft mir vor, daß ich die
Einkommensprocentsätze der klassensteuerpflichtigen Bevölkerung (circa
15 Millionen) im allgemeinen Durchschni't auch auf die schlacht= und
mahlsteuerpflichtige Bevölkerung (nicht 2 Millionen) anwende. Dieser
Angriff bezeugt nur die Unwissenheit des Herrn Wackernagel. Es ist
dieß statistisch ganz üblich. Beweis: Geheimrath Dieterici Statisti=
sches Bureau Bd. II. p. 117: „Man könnte versucht werden, nach
der Klassensteuer=Veranlagung pro 1846 überhaupt das
Einkommen oder den Besitzstand der Familienväter und der selbstän=
digen Einzelnen im preußischen Staat abzuschätzen, wenn
man die in jeder Klassensteuerstufe Steuernden auch auf die
Mahl= und Schlachtsteuerpflichtigen anwendete rc."

Reicht Ihnen dieser Beweis hin, Herr Wackernagel? Wenn
nicht, so werfen Sie einen Blick in die Staatsschrift des k. preußi=
schen Finanzministeriums, welche den Kammern bei der ersten Vor=
legung des jetzigen Einkommensteuergesetzes überreicht wurde, durch

welches ursprünglich auch in den mahl= und schlachtsteuerpflichtigen Bezirken die Klassensteuer eingeführt werden sollte (Nr. 172 der Druck= sachen der 2ten Kammer, 1849). Es heißt daselbst (p. 35): „Den einzigen, wenigstens einigermaßen sichern Anhaltspunkt für die Berechnung des zu erwartenden Einkommensteuer=Ertrages gewäh= ren die bisherigen Klassensteuerlisten, indem diese die Anzahl der steuerpflichtigen Haushaltungen und Personen in den seither klassen= steuerpflichtigen Ortschaften und deren nach allgemeinen Merkmalen geschätzten Vermögensverhältnisse nachweisen und daraus nach dem Bevölkerungsverhältnisse für die mahl= und schlacht= steuerpflichtigen Städte sich annähernd ermitteln läßt, wie sich in letzteren das Ertragsverhältniß der neuen Steuer etwa gestalten möchte."

Zweiter Punkt. Ich hatte in meinem „Antwortschreiben" gesagt, daß ich in „wörtlicher und zahlenmäßiger Treue" die von Dietterici Bd. IV. p. 226 auf Grund des alten Klassensteuergesetzes berechneten Resultate mittheile. Nach diesen hatte:

„½ Procent der Bevölkerung ein Einkommen von über 1000 Thlr."

Wenn ich dort der größeren Kürze halber diese Dietericische Be= rechnung mittheilte, so ging ich in meiner Frankfurter Rede auf die ausführliche Berechnung nach den im Bd. VII. p. 179 sqq. des statistischen Bureau's auf Grund des neuen Einkommensteuergesetzes von 1851 veröffentlichten Steuerlisten pro 1853 ein. Nach diesen gibt es in ganz Preußen 44,407 Personen, die über 1000 Thlr. Einkommen haben. Dieterici macht daselbst zu dieser Liste die Be= merkung: „Es sind hiernach überhaupt 44,407 Personen zur klassi= ficirten Einkommensteuer veranlagt; nimmt man an, daß jede Person eine Familie oder einen Hausstand von 5 Personen repräsentirt, so sind dieß überhaupt 222,035 Seelen und von der Gesammtbevölke= rung des Staats mit 16,869,786 Seelen nur 1,31 Proc., welche als wohlhabend bezeichnet werden können."

Dieß hatte ich in Frankfurt citirt und Herr Wackernagel ruft nun unter Abdruck desselben aus: „Die „„wörtliche zahlenmäßige Treue"" der ½ Proc. hat also gerade vom 1. März bis zum 17. Mai ausgereicht."

Welcher Unsinn! Beidemal citire ich, und beidemal kann sich also die „wörtliche, zahlenmäßige Treue" nur auf die Texte bezie= hen, die ich citire. Ueberdieß, was ist denn für die hier in Betracht kommende Frage für ein Unterschied, ob ½ Proc. oder 1,31 Proc. Wohlhabende im ganzen Staat existiren? Für wen schreiben Sie denn eigentlich, Herr Wackernagel, daß Sie solchen Blödsinn vorbrin= gen? Endlich habe ich ja schon in Frankfurt darauf aufmerksam gemacht, daß diese Zahl von 1,31 Procent, zu der Dieterici nur ge= langt, indem er die Zahl der 44,407 Steuerpflichtigen mit 5 multi=

plicirt, noch viel zu groß ist, da viele Einzelsteuernde darunter und da besonders auch die Familien in den höheren Ständen durchaus nicht, wie dieß beim ganzen Volksdurchschnitt üblich ist, auf fünf Personen angenommen werden können.

Herr Wackernagel aber fährt unmittelbar fort: „Lassalle hatte einfach übersehen, daß die Dieterici'schen Procente sich nicht auf die Gesammtbevölkerung, sondern auf die Zahl der zur Steuer veranlagten Personen (Haushaltungen und Einzelsteuernde) beziehen." Dieser Satz ist völlig sinnlos. Soll er darauf gehen, daß ich von der klassensteuerpflichtigen Bevölkerung im Ganzen auf die mahlsteuerpflichtige fortschließe? Dann ist er durch Punkt 1 widerlegt. Oder soll er darauf nicht gehen, so hat er gar keinen Sinn. Denn Haushaltungen und Einzelnsteuernde bilden doch eben die steuerpflichtige Gesammtbevölkerung!

Herr Wackernagel fährt unmittelbar fort: „Lassalle nimmt, als ob dieß weiter gar nichts zu bedeuten hätte, die Revision höchst eigenhändig vor und erhöht für das Jahr 1853 seine erste Klasse von ½ auf 1³/₁₀ Procent." Herr Wackernagel, ich habe gar keine Revision vorgenommen, da ich hierbei beidemal nur Dieterici citirt habe. Und überdieß ist es ganz richtig, daß die Revision von ½ Procent auf 1³/₁₀ Procent — welche letztere Zahl offenbar, wie schon bemerkt, noch viel zu hoch ist, in der That „weiter gar nichts zu bedeuten hätte."

Sie sagen ferner: „Es hätte Lassalle doch jedenfalls stutzig machen müssen, daß, während seine erste Klasse sich um mehr als das Dreifache von ⁴/₁₀ (müßte in Wahrheit heißen: um mehr als das Zweifache von ½, wie ich im „Antwortschreiben" nach Dieterici Bd. IV. p. 226 citirt habe) auf 1³/₁₀ Procent erhöht, die zweite Klasse nur von 3¼ auf 3³/₁₀ Procent sich hebt. Lassalle schlüpft hurtig darüber hinweg und wirft vielmehr seinen Gegnern vor, daß sie die Zahlen fälschen."

Nein, Herr Wackernagel, dabei ist in der That nicht das Geringste, was mich oder irgend einen Andern, der nicht fälschen will, hätte stutzig machen können!

Die ½ Procent beruhen auf den Steuerlisten nach dem Steuergesetz von 1820. Die 1³/₁₀ Procent auf den Steuerlisten nach dem neuen Einkommensteuergesetz vom 1. Mai 1851, und an und für sich würde also schon nicht der geringste Grund zur Verwunderung vorliegen, wenn zwei verschiedene Steuergesetze auch eine noch dazu so äußerst geringfügige Verschiedenheit in ihren Resultaten ergeben. Zudem aber ist bekanntlich das neue Einkommensteuergesetz von 1851 ausdrücklich zu dem Zweck erlassen worden, bei den gesteigerten Finanzbedürfnissen des Staates gerade die besitzenden Klassen stärker heranzuziehen. Es ist in den Motiven des Gesetzwurfes ausdrücklich ausgesprochen, daß dieß früher nicht möglich gewesen, weil da-

durch, daß früher der höchste Steuersatz 144 Thlr. gewesen, die ein=
schätzenden Behörden sich in einem gewissen natürlichen Billigkeits=
gefühl hätten abhalten lassen, die bloß Wohlhabenderen nach ihren
wirklichen Vermögensverhältnissen einzuschätzen. Jetzt sollte durch die
weit articulirteren Stufen des neuen Gesetzes dieser Uebelstand besei=
tigt werden. Jetzt sollte von den Behörden ganz anders eingeschätzt
werden und wurde von ihnen ganz anders eingeschätzt. Eine Ver=
mehrung der gerade zur ersten Klasse, d. h. zu einem Einkommen von
über 1000 Thlr. eingeschätzten Personenzahl war also einer der
Hauptzwecke des Gesetzes und seine natürliche Wirkung. Eine
neu hinzukommende nur sehr mäßige Personenzahl mußte nun aber
bei der erstaunlich geringen Personenzahl der zur ersten Steuerklasse
(zur sog. klassifizirten Einkommensteuer) Gehörigen schon eine
sehr bedeutende Multiplication des früheren Procentsatzes der
zu dieser Stufe gehörigen Bevölkerung hervorbringen. Gehörten früher
nur ½ Procent der Bevölkerung in diese Einkommensklasse und kamen
jetzt nur 8/10 Procent hinzu, wie dieß Beides der Fall, so gab das
nun 1 3/10 Procent und somit freilich weit mehr, als eine Verdopp=
lung des früher zu dieser Einkommensklasse gehörigen Procentsatzes
der Bevölkerung.

In Bezug auf die andern Klassen des Steuergesetzes (also auf
die Klassen von unter 1000 Thlr. Einkommen) wurde aber eine
derartige Vermehrung der zu ihnen gehörigen Zahl von Steuerpflich=
tigen in solchem Umfange gar nicht erzielt! Es mußte sogar nach
einer Seite hin eine Verminderung derselben eintreten, indem jetzt
eben Viele, die früher zu diesen Klassen gehörten, jetzt zur klassi=
ficirten Einkommensteuer hinaufgerückt werden sollten. Und
endlich würde sogar eine Vermehrung um eine ähnliche Personenzahl,
wie die, welche in der ersten Klasse eine Verdopplung bewirkte, in
den andern Klassen bei der weit größeren von ihr umfaßten Per=
sonenzahl nur eine unendlich geringfügigere Steigerung ihres
früheren Procentsatzes zur Bevölkerungszahl haben ergeben können.

Sie mögen und müssen ein sehr beschränkter Mensch sein, Herr
Wackernagel! Aber so beschränkt Sie auch sein mögen — diese ein=
fachen, elementaren Thatsachen konnten Ihnen nicht entgehen, und
es ist daher nur Sucht, zu entstellen und zu verdrehen, wenn Sie
darüber „stutzig" zu werden behaupten, daß sich Etwas positiv zeigt,
was sich schon apriorisch im Allgemeinen gar nicht anders zeigen
konnte.

Dritter Punkt. Aber Sie fahren unmittelbar also fort:
„Wir werden das plumpe Becherspiel Lassalle's aufdecken, damit Jeder
weiß, wer die Zahlen fälscht. (Haben Sie Acht, Herr Wackernagel!
Sie beschuldigen mich der Fälschung! Durch diesen Vorwurf zwin=
gen Sie mich zu dem harten Zeitopfer, Ihren Wortschwall zu wider=
legen und — da es zum letztenmal geschieht — ausführlich zu

widerlegen. Ohne biesen Vorwurf würde ich es bem Lefer überlaffen haben, fich von selbst über Ihren Unsinn aufzuklären. Stellt fich, also bei diefer Unterfuchung heraus, baß die Sache umgekehrt steht, baß Sie es find, der lügt unb fälfcht, fo werbe ich Ihnen eine unerbittlich strenge Lection geben!) Laffalle erlaubt fich, bie zweite Klaffe feines „Offenen Antwortfchreibens" — Einkommen von 1000. —400 Thlrn. abwärts — mit einer ganz anbers unb viel enger abgesteckten Klaffe — Einkommen von 1000—500 Thlrn. abwärts, britte Hauptklaffe bes Gefetzes vom 1. Mai 1851, §. 9 — zu vertaufchen; er läßt babei die beiben oberften Steuerstufen (bie fiebente unb achte der zweiten Hauptklaffe), welche nach Dieterici bie Einkommen von 500—400 Thlr. abwärts umfaffen, ohne barüber auch nur ein Wort zu verlieren, unter ben Tifch fallen! Ein echtes Jongleurstückchen!"

Auf biefe unermüblichen Verbrehungen werbe ich Ihnen eine boppelte Antwort geben.

Erstens: In meinem „Antwortfchreiben" habe ich nicht berechnet, fonbern burch ben Umfang einer Brofchüre von 2½ Bogen genöthigt, bie kürzeste, in wenige Zeilen wiederzugebenbe Berechnung eines angefehenen unb mit amtlichen Hülfsmitteln operirenben Statistikers mitzutheilen, jene Dietericifche Berechnung pro 1850 abgebruckt, welche noch auf bem alten Klaffensteuergefetz von 1820 beruhenb, biefe ihren Grunblagen gemäß, in fünf Klaffen georbnet ist, von benen bie erste bas Einkommen von über 1000 Thlr. unb bie zweite ein Einkommen von 400—1000 Thlr. umfaßt.

In meiner Frankfurter Rebe — unb ebenfo in meiner neuest,n bereits gebruckten Schrift „Die indirecte Steuer unb die Lage ber arbeitenben Klaffen", bie Sie kennen, ba Sie biefelbe citiren, gehe ich nun bazu über, freilich mit einem ganz anbern Aufwanb von Raum, felbst zu berechnen. Unb natürlich berechne ich nun auf Grunb bes neuen Steuergefetzes von 1851 unb feiner vom Staat pro 1853 verössentlichten Refultate. Natürlich muß ich mich baher nun auch an bie Klaffenfätze unb Eintheilungen bes neuen Gefetzes halten. Ist Ihnen bas einleuchtenb, Herr Wackernagel? Das neue Gefetz zerfällt in bie klaffifizirte Einkommenfteuer unb in bie Klaffenfteuer, welche wieder in brei Hauptklaffen mit 12 Stufen in auffteigenber Linie zerfällt. Für bie klaffifizirte Einkommenfteuer steht burch bas Gefetz felbst fest, wie groß bie zu ihr heranzuziehenben Einkommen fein follen; bei ber Klaffenfteuer ist bieß für bie britte Hauptklaffe berfelben — zerfallenb in bie Stufen 9, 10, 11 unb 12 — burch bie Circular=Verfügung bes k. Finanzministeriums vom 8. Mai 1851 festgestellt. Diefelbe verorbnet, baß eingefchätzt werben follen:

zur 12. Stufe Diejenigen, bie ein Einkommen haben von 1000—900 Thlrn.,

zur 11. Stufe Diejenigen, die ein Einkommen haben von
900—800 Thlrn.,
zur 10. Stufe Diejenigen, die ein Einkommen haben von
800—650 Thlrn.,
zur 9. Stufe Diejenigen, die ein Einkommen haben von
650—500 Thlrn.

Von da ab sind für die unteren Stufen (1—8 incl.) keine zahlenmäßig bestimmten Einkommenssätze mehr festgestellt, welche bestimmen, wie viel das zu jeder Stufe heranzuziehende Einkommen betragen soll. Gesetz und amtliche Circularverfügung gehen also nur bis zu einem Einkommen von 500 Thlrn. hinunter. Was wundert Sie also, Herr Wackernagel, daß, wo es sich um zahlenmäßige Berechnung handelt, auch ich nicht weiter gehen kann? Und wie können Sie es ein „Jongleurstückchen" nennen, wenn ich nicht mit subjectiven, arbiträren Schätzungen kommen und also nicht weiter gehen will, als der positive Boden des Gesetzes und der amtlichen Verordnungen reicht?

Aber ferner: Alles das wußten Sie zufällig auch, denn alle diese thatsächlichen Angaben sind in dem in Bd. VII. des statistischen Bureau's p. 170 sqq. von Dieterici veröffentlichten Aufsatz zu lesen, den ich in meiner Frankfurter Rede und in meiner neuesten Schrift „die indirecte Steuer 2c." bereits angezogen habe. Früher kannten Sie diesen Aufsatz zwar nicht, denn sonst würden Sie nicht den greulichen Unsinn Ihrer Broschüre haben zusammenschreiben können, würden nicht mit einer alten Standestabelle herbeigekommen sein, um die Einkommensverhältnisse zu arbitriren 2c. Jetzt aber haben Sie von ihm aus jenen meinen beiden Reden erfahren und citiren ihn in Folge dessen selbst. Jetzt kennen Sie ihn also. Und da Sie ihn, und aus ihm die eben angeführten Thatsachen, kennen — wo nehmen Sie die Schaam- und Gewissenlosigkeit her, von einem „Jongleurstückchen" zu sprechen, weil ich mich nicht in Muthmaßungen verlieren und den positiven Boden officieller Feststellungen nicht überschreiten will?

Aber noch mehr! —

Dieterici macht in diesem Artikel (Bd. VII. p. 175) eine ungefähre Annahme, wie hoch sich wohl das Einkommen der untern Stufen belaufen mögen, deren Einkommenbeträge vom Finanzministerium nicht festgestellt sind. Auf diese Annahmen Dieterici's berufen Sie sich jetzt, indem Sie dieselben, wie ich später zeigen werde, gründlich fälschen. Aber gerade Sie haben in Ihrer früheren Broschüre die Annahmen Dieterici's über die Einkommenbeträge, die den alten Klassensteuerstufen entsprechen mögen, als ganz willkürliche und nichts beweisende verworfen. Gerade mit aus dem Grunde, um solchen Wadenkneifern, wie Sie, nicht den geringsten Anlaß zum Bellen zu geben, beschloß ich bei meinem neuen, genau eingehenden

Berechnungsnachweis mit Vermeidung aller arbiträren Annahmen mich nur an offiziell feststehendes Material zu halten. Und nun nennen Sie das ein „Jongleurstückchen"?

Zweitens aber: Für wie blödsinnige Leser schreiben Sie denn eigentlich, Herr Wackernagel? Was macht es denn für die hier in Rede stehende Frage, für die sociale Frage, für einen Unterschied, ob ich nachweise wieviel Procente der Bevölkerung auf eine Familie von 5 Köpfen 500 Thaler oder 400 Thaler Einkommen haben? Doch nicht den geringsten, Herr Wackernagel! Hängt sich für Sie an die Zahl von 400 Thaler ein besonderes mystisches Gewicht? Darüber werden Sie ja Niemand täuschen können, Herr Wacker= nagel, daß auch Solche, die 500 Thaler Jahreseinnahme auf eine Familie von 5 Köpfen haben, zu den unbemittelten Clas= sen, zu den Leuten in „gedrückter, dürftiger Lage" gehören! Wäre also bewiesen, was ich in meiner Frankfurter Rede bewiesen habe, daß nur über 4 Proc. der Bevölkerung ein Einkommen von 500 Thaler und darüber und also über 95 Proc. der Bevölkerung ein Einkommen von unter 500 Thaler auf die Familie von 5 Köpfen haben, so wäre reichlich Alles bewiesen, was ich in meinem „Ant= wortschreiben" gesagt habe: „89—96 Proc. in gedrückter, dürftiger Lage." —

Vierter Punkt. Nun aber kommen wir erst zur Hauptsache! Sie schicken Sich nun Ihrerseits an, zusätzlich zu meiner Berechnung der Procentzahl der Bevölkerung, welche bis 500 Thaler Einnahme abwärts hat, und resp. diese noch berichtigend berechnen zu wollen, wieviel Procent 500—400 Thaler Einnahme haben. Und Sie fahren daher unmittelbar nach den zuletzt angeführten Worten: „Ein echtes Jongleurstückchen" fort, wie folgt: „In der 7ten Stufe steuer= ten aber 73,383, in der 8ten 32,721, in beiden zusammen also 106,144 Personen, welche zu den in der 3. Hauptklasse steuernden 91,530 hinzugerechnet, für die zweite Lassalle'sche Classe (Einkommen von 1000—400 Thlr.) 197,644 Steuerzahler oder mit 5 multipli= cirt 988,220 Seelen ergeben, wohl bemerkt für die classensteuerpflich= tigen Ortschaften! Hierzu sind aber nun noch die in gleicher Lage befindlichen Seelen zu rechnen, welche in mahl= und schlachtsteuerpflich= tigen Ortschaften leben." —

„In der ersten Classe kamen im Jahr 1853 auf 149,311,551 in classensteuerpflichtigen Ortschaften lebende Seelen 5 × 21,639 oder 108,195 oder 0,725 Proc., die an einem Familieneinkommen von 1000 Thlrn. und darunter (Druckfehler, soll heißen: darüber) parti= cipirten; dagegen auf nur 1,938,235 in mahl= und schlachtsteuerpflich= tigen Ortschaften lebenden 5 × 22,768 oder 113,840 (zusammen 222,035 Seelen), oder 5,875 Proc., wie auch die Tafel bei den „Mittheilungen des Statistischen Bureau" Bd. VII, S. 206 ergibt; man wird also auch in der 2ten Classe zu den 988,220 (oder 6,

Proc.) in classensteuerpflichtigen Ortschaften lebenden Seelen die nach demselben Verhältniß ermittelte Quote von 1,039,779 (53,₆ Proc.) Seelen für die mahl= und schlachtsteuerpflichtige Bevölkerung hinzunehmen müssen, was für die Gesammtbevölkerung von 16,869,786 Seelen 2,027,999 Seelen oder 12 Proc., und nicht 3¼ Proc. wie im „Offenen Antwortschreiben" angegeben ist, ergibt."

Jn dieser interessanten Berechnung sind zwei Fälschungen enthalten, die ich Jhnen jetzt nachweisen werde.

1) Zunächst: Wie kommen Sie zu Jhren Classensteuerzah= zahlen? Sie greifen dieselben ganz richtig aus dem im VII. Bd. des Statist. Bureaus publicirten Aufsatz, den ich Jhnen angezeigt habe. Und zwar ist die Zahl von 91,530 Personen (Anzahl der zur 3ten Steuerhauptclasse Stufe 12—9 Gehörigen, Einkommen von 1000—500 Thlr. laut der oben bezogenen Verfügung des Finanz= Ministerii) ganz richtig und bereits in mriner Frankfurter Rede be= rechnet. Sie wollen aber noch weiter gehen und bis 400 Thlr. Einkommen hinab berechnen. Zu diesem Zweck führen Sie die claf= sensteuerpflichtigen der siebenten Stufe mit 32,721 und der sieben= ten Stufe mit 73,393 Personen auf, den Zahlen nach wiederum ganz richtig. Aber wer sagt Jhnen, daß die Steuerpflichtigen die= ser siebenten Stufe (die der achten müssen es allerdings) noch 400 Thlr. Einkommen haben? Sie berufen Sich dabei auf Annah= men Dieterici's. Sie sagen: „Er (Lassalle) läßt dabei die obersten Steuestufen, die siebente und achte der zweiten Hauptklasse, welche nach Dieterici die Einkommen von 500—400 Thlr. abwärts um= fassen, unter den Tisch fallen." Und in einer Anmerkung hierzu sa= gen Sie noch bestimmter: „Die zweite Hauptclasse soll nach Dieterici (Bd. IIV, 1. c.) die Einkommen von 250—500 Thlr. umfassen und ist in fünf Stufen (die vierte bis achte) abgestuft, von denen jede 50 Thaler greift."

Muß das nicht für jeden Menschen den Schein erregen: Die= terici nehme an, daß jede dieser fünf Stufen 50 Thaler greift, und Dieterici nehme also an, daß auch noch die zur siebenten Stufe Gehörigen ein Einkommen von 400 Thaler haben müssen?

Aber Dieterici sagt keineswegs das, was Sie ihn sagen lassen!

Die Worte, in denen er diese ganz ungefähre, diesmal auf keine Berechnung gegründete Annahme äußert, lauten (Bd. VII, p. 175): „Es umfaßt diese Classe, wenn man ungefähre Geldbeträge gern in der Auffassung haben will, etwa die Männer, welche in drei Abstu= fungen Einnahme haben, von jährlich 250—300 oder 320 Thlr.; 320 bis 400 Thlr.; 400—500 Thlr."

Dieterici sagt also kein Wort davon, daß „jede der 5 Stufen dieser Classe 50 Thaler greift!" Er zerlegt sie in 3 Abstufungen, von denen die erste 50—70 Thlr., die zweite 80 Thlr.

und die dritte 100 Thlr. greift. Da er eine Classe von 5 Steuer=
stufen in nur 3 Einkommens=Abstufungen zerlegt, so ist es unmöglich
zu sagen, wie er sich das Verhältniß gedacht hat, ob nämlich in seine
letzte Abstufung von 400—500 Thlr. blos die letzte (8te) Stufe
dieser Classe, oder auch noch die 7te hineinfallen soll. Nach seinen
Worten, seiner Interpunctation und dem Umstande zu schließen, daß
er in aufsteigender Linie seine drei Abstufungen um immer
größere Einkommens=Unterschiede sich steigern läßt, würde vielmehr
eher geschlossen werden müssen, daß er nur die letzte (8te) Steuer=
stufe dieser Classe zu der letzten seiner Abstufungen (400—500
Thlr.) veranschlagt, und daß also die Steuerpflichtigen der sieben=
ten Stufe nach ihm zu denen gehören, welche weniger als 400
Thlr. Einkommen haben.

Sie aber machen eine ganz willkührliche und durch nichts be=
legte Annahme, erfinden daß „jede dieser fünf Stufen 50 Thlr.
greift", legen diese Annahme fälschlich und fälschend Dieterici in den
Mund, und sprechen nun von den „beiden obersten Steuerstufen
(die siebente und achte) der zweiten Hauptclasse, welche nach
Dieterici die Einkommen auf 500 — 400 Thlr. abwärts um=
fassen."

Der Grund dieser Verfahrungsweise ist der sehr einfache, daß
Sie ohne dieselbe durch nichts berechtigt gewesen wären, auch noch
die Steuerpflichtigen der siebenten Steuerstufe zu Denen zu rech=
nen, welche über 400 Thlr. Einkommen haben. Folglich hätten Sie
von den 106,144 classensteuerpflichtigen Personen, die Sie meiner
Rechnung hinzufügen wollen, um die Einkommen von 400—500
Thlr. aufzunehmen, zwei Drittheil verloren. Sie hätten die clas=
sensteuerpflichtigen der siebenten Stufe d. h. 73,393 Personen ver=
sonen verloren und sich mit denen der achten Stufe d. h. 32,721
als derjenigen Anzahl classensteuerpflichtigen Personen begnügen müs=
sen, bei denen ein Einkommen von zwischen 400 und 500 Thlr. ver=
auszusehen sei. Eine so minime Zahl hätte Ihnen aber für Ihren
Zweck natürlich nur geschadet, statt genützt und so ziehen Sie denn
durch die geschilderte Verdrehung der Worte Dieterici's noch die re=
spectabelere Zahl von 73,394 Classensteuerpflichtigen herbei, die Ih=
nen dann zumal bei der gleich zu schildernden horiblen Weise, in wel=
cher Sie von den Classensteuerpflichtigen auf die Schlacht= und Mahl=
steuerpflichtigen fortschließen, helfen soll, eine erheblichere Differenz
gegen meine Rechnung zu gewinnen.

2) Jetzt also zu dieser noch weit erstaunlicheren Fälsch=
ung! Das Geheimniß, wie Sie zu Ihrer Zahl von 12 Proc. der
Bevölkerung — als ein Einkommen bis 400 Thlr. abwärts auf die
Familie von 5 Köpfen genießend — gelangen, liegt einfach in Ihren
deshalb schon oben von mir breit gedruckten Worten: „man wird
also auch in der zweiten Classe zu den 988,220 (oder 6,6 Proc.) in

claffensteuerpflichtigen Ortschaften lebenden Seelen die nach dem=
selben Verhältniß ermittelte Quote von 1,039,779 (53,₄
Proc.) Seelen für die mahl= und schlachtsteuerpflichtige Bevölkerung
hinzunehmen müssen, was für die Gesammtbevölkerung von 16,869,786
Seelen 2,027,999 Seelen oder 12 Proc., und nicht 3¼ Proc. wie
im „Offnen Antwortschreiben" angegeben ist, ergibt."
        Also „die nach demselben Verhältniß ermittelte
Quote!"
        Einen Augenblick Gebuld, Sie erstaunlicher Rechenmeister!
Wie Sie selbst aus dem Ihnen von mir angezogenen Aufsatz
im 7. Bd. des Stat. Bureaus citiren, war damals (1853) die Zahl
der claffensteuerpflichtigen Bevölkerung 14,931,551 Seelen und die
der mahl= und schlachtsteuerpflichtigen nur 1,938,235 Seelen, und es
betrug dennoch (s. Dieterici daf. S. 180) die Zahl aller zur classi=
ficirten Einkommensteuer Veranlagten, also die Zahl Aller, die über
1000 Thlr. Einkommen haben in sämmtlichen claffensteuerpflichtigen
Ortschaften 21,639 Personen, dagegen in sämmtlichen mahl= und
schlachtsteuerpflichtigen Ortschaften 22,768 Personen, also, — wie
Sie überdies selbst hervorhoben — achtmal soviel als der Pro=
centsatz in der claffensteuerpflichtigen Bevölkerung beträgt.
        Und nach dieser achtfachen Quote wollen Sie auch die Ein=
kommen von 1000—400 Thlr abwärts in den mahl= und schlacht=
steuerpflichtigen Ortschaften berechnen?
        O, Sie Hauptfälscher!
        Daß von der Handvoll Leute, die über 1000 Thlr. Einkommen
haben, daß also von den zur classificirten Einkommensteuer herange=
zogenen 44,407 Personen im ganzen Staat eine im Verhältniß
zur Bevölkerung achtmal so große Anzahl in den mahl= und
schlachtsteuerpflichtigen Ortschaften wohnt, als in den claffensteuer=
pflichtigen, kann Niemand Wunder nehmen.
        In den großen Städten drängen sich alle Reichen zusammen,
alle Rentiers, große Industrielle, Kaufleute, Banquiers, Central= und
Provinzialbehörden, Obergerichte, Universitäten, höhere Offiziere 2c. 2c.
Daß also von dieser Handvoll Leute eine im Verhältniß achtmal so große
Anzahl in den mahl= und schlachtsteuerpflichtigen Ortschaften zu treffen
ist, ist so natürlich wie nothwendig.
        Und hieraus wollen Sie wirklich den Schluß machen, Herr
Wackernagel, daß auch in Bezug auf die große Masse der Bevöl=
kerung der großen Städte, dasselbe Verhältniß anwendbar sei?
Daß auch die Klassensteuerstufen 12—7 incl. achtmal so stark in
den großen Städten, als in den claffensteuerpflichtigen Städten und
Ortschaften vertreten seien?
        Wo bleiben Ihnen denn bei dieser sauberen Berechnung die Fa=
brikarbeiter, Handwerker, Gesellen, Domestiken, kleinen Beamten und

in ärmlichen Verhältnißen befindliche Kleinbürger aller Art, welche
das Gros auch der Bevölkerung der großen Städte ausmachen?
Glauben Sie denn wirklich, Herr Wackernagel, daß die Arbeiter,
Handwerker, kleinen Beamten, Kleinbürger ꝛc. in den großen Städten
das achtfache Einkommen wie in den claſſenſteuerpflichtigen Städ=
ten und Bezirken haben?
Sie zwingen Sich durch dieſen Unſinn ſelbſt zu ſagen, daß ſich
für die „unteren Stufen (die vierte, fünfte und ſechste) der zweiten
Ha::ptclaſſe" in den großen Städten „gar keine Quote nach=
weiſen läßt!" Sie zwingen Sich durch dieſen Unſinn zu der Be=
hauptung, daß es in den großen Städten mit den Familien von 400
Thlr. Einkommen und weniger „allmälig aufhört!"
Ich hatte in Frankfurt die Zahl der Einkommen über 1000
Thlr. nach den Steuerliſten des Staats, die ſich für dieſen Einkom=
menbetrag gleich poſitiv über mahl= und ſchlachtſteuerpflichtige wie
über claſſenſteuerpflichtige Ortſchaften erſtrecken, angegeben. Ebenſo
die Zahl der Einkommen zwiſchen 1000 und 500 Thlr. nach den
Claſſenſteuerliſten; und für die mahl= und ſchlachtſteuerpflichtigen Ort=
ſchaften (ohnehin nur der achte Theil der Geſammtbevölkerung) hatte ich
nun die Zahl derſelben Einkommen einfach nach dem Bevölkerungs=
verhältniß berechnet, indem ich durchſchnittlich für jede Claſſenſteuer=
ſtufe die verhältnißmäßig entſprechende Anzahl auch in den mahl=
und ſchlachtſteuerpflichtigen Orten annahm, (wie oben Punkt 1. Die=
terici).
Dieſer Berechnungsmodus convenirt Ihnen nicht, Herr Wacker=
nagel. Sie wiſſen einen viel genaueren! Sie nehmen ganz einfach
das ganz anormale und ausnahmsweiſe Verhältniß, welches
bei der claſſificirten Einkommenſteuer, bei Einkommen über 1000
Thlr., in den mahl= und ſchlachtſteuerpflichtigen Orten ſtattfindet und
ſtattfinden muß und legen dieſe Ausnahme, legen denſelben
achtfachen Bevölkerungsprocentſatz unbefangen als die noth=
wendige Regel auch bei der Claſſenſteuer zu Grunde, wo=
durch Ihnen natürlich die ärmere Maſſenbevölkerung der großen Städte
mehr weniger unter der Hand verſchwindet!
O, Sie Hauptfälſcher!
Man kann allerdings wohl mit Grund annehmen, daß auch in
Bezug auf die höchſten und gewiſſe mittlere Claſſenſteuerſtufen das
Verhältniß in den mahl= und ſchlachtſteuerpflichtigen Ortſchaften gün=
ſtiger ſein werde, als in den bis jetzt claſſenſteuerpflichtigen. Gleich=
wohl habe ich mich mit vollſtem Recht in Frankfurt auf die Unter=
ſuchung dieſes Unterſchiedes nicht eingelaſſen und zwar aus drei
Gründen:
1) weil nicht der geringſte poſitive Anhaltspunkt
für die zahlenmäßige Beſtimmung dieſes Unterſchiedes criſtirt und man
alſo rein zu willkührlichen, in's Blaue greifenden Annahmen ſeine

Zuflucht nehmen müßte; 2) weil die Differenz, die hier obwalten kann, ohnehin compensirt ist, durch die zu hohe Annahme von 5 Köpfen auf jeden Steuerpflichtigen der wohlhabenden Classen, 3) end= lich, weil, auch abgesehen hiervon, das günstigere Verhältniß, welches in den mahl= und schlachtsteuerpflichtigen Ortschaften existiren könnte, auf die — achtmal so starke — Gesammtbevölkerung vertheilt, doch wieder keinen nennenswerthen Unterschied in den Procentsätzen der Gesammtbevölkerung hervorzubringen vermöchte, die auf jede Einkommensstufe fallen und um deren Berechnung es sich hier handelt.

Und das will ich Ihnen denn noch schließlich beweisen, Herr Wackernagel!

Als das königl. preuß. Finanzministerium den ursprünglichen Entwurf des Gesetzes vom 1. Mai 1851, der ursprünglich die Mahl= und Schlachtsteuer aufheben und im ganzen Staat die Einkommen= und Classensteuer einführen sollte, der Kammer vorlegte (Nr. 171 und 172 der Kammerdrucksachen, Bd. II, Jahr 1849) fügte es dem= selben eine „Berechnung des durch die einzuführende Einkommen= und Classensteuer zu beschaffenden muthmaßlichen Ertrages" bei. In die= ser Berechnung macht das Finanzministerium die Annahme, daß in den mahl= und schlachtsteuerpflichtigen Ortschaften sowohl zu der classifi= cirten Einkommensteuer als zu den höheren Stufen der Classen= steuer „dreimal mehr Steuerpflichtige" einzuschätzen sein würden, als nach dem Bevölkerungsverhältniß bei der classensteuerpflichtigen Be= völkerung der Fall sein würde. Diese Annahme mag, da sie eine durchschnittliche ist, welche sowohl die classificirte Einkommen= steuer — bei welcher das Verhältniß das achtfache ist — als die höheren Stufen der Classensteuer umfaßt, bei welcher letzteren also das Verhältniß geringer als das breifache sein kann, um nun bennoch im Durchschnitt mit jener achtfachen Zahl das Dreifache als Durchschnittsverhältniß zu ergeben, im Ganzen zu treffend sein.

Vernachlässigen wir aber sogar gänzlich diesen Unterschied des von der Regierung im Durchschnitt von Einkommen= und Classen= steuer angenommenen Verhältnisses und lassen wir immerhin das Dreifache als bei den bloßen hier in Rede stehenden Stufen der Classensteuer zutreffend gelten. Welches Resultat ergibt sich dann?

Zunächst: Betrachten Sie einmal den enormen Unterschied der Berechnung, der durch ihre Verachtfachung entsteht! Das preußische Finanzministerium gelangt (s. das. S. 41) genau für eben dieselben Steuerstufen, welche Sie berechnen -- und unter Voraussetzung der breifachen Quote der zu denselben in den mahl= und schlachtsteuer= pflichtigen Ortschaften zu veranschlagenden Personenzahl — zu dem Re= sultat von 213,600 steuerpflichtigen Personen im ganzen Staat, in mahl= und schlachtsteuerpflichtigen und classensteuerpflichtigen Ort= schaften.

Sie aber gelangen bei Ihrer Verachtfachung dazu 1,039,779 Seelen, also dividirt durch 5, nicht weniger als 207,955 Steuerpflichtige jener Stufen blos für die mahl- und schlachtsteuerpflichtigen Ortschaften allein, also für den achten Theil der Bevölkerung anzunehmen!

O, Sie Hauptfälscher!

In Bezug auf die Anzahl der Steuerpflichtigen, welche in den mahl- und schlachtsteuerpflichtigen Ortschaften den niedrigeren Classensteuerstufen entsprechen würden, sagt das Finanzministerium einfach (S. 72): „Für die unteren Classen ist der künftige Ertrag der Classenster nach der Disposition des bereits allegirten §. 34 des Entwurfs einfach dadurch zu berechnen, daß den dazu jetzt schon veranlagten Haushaltungen und Einzelnen die nach dem Verhältniß der Bevölkerung der mahl- und schlachtsteuerpflichtigen Städte zu berechnende Anzahl von Haushaltungen und Einzelnen in den verschiedenen Stufen hinzugesetzt wird." Sie aber kommen dagegen nothwendig zu dem Resultat, daß es in den mahl- und schlachtsteuerpflichtigen Städten mit den Familien von 400 Thlr. und weniger überhaupt „allmählig aufhört."

O, Sie Hauptfälscher!

Doch gehen wir positiv in Ihre Berechnung ein, die dreifache Quote, jener Veranschlagung des Finanzministeriums gemäß, für die mahl- und schlachtsteuerpflichtigen Orte unterstellend.

Wir werden dann sehen, welche geringfügige, das Verlassen des positiven Bodens in keiner Weise lohnende Differenz von meiner Rechnung bei der Vertheilung auf Procentsätze der Gesammtbevölkerung dies giebt.

Bei der Classensteuer gibt es wie Sie berechnen, 988,220 Seelen oder 6,₆ Proc. der classensteuerpflichtigen Bevölkerung mit einem Familien-Einkommen auf 5 Personen von 1000—400 Thlr. abwärts. Nehmen wir also den dreifachen Procentsatz oder rund 19½ Procent bei der mahl- und schlachtsteuerpflichtigen Bevölkerung an (von 1,938,235 Seelen) so gibt das hier 376,952 Seelen in derselben Lage, addirt zu Ihren 988,220 Seelen = 1,365,172 Seelen oder 8 Procent der Gesammtbevölkerung des Staats, welche über 400 Thlr. Einkommen haben (außer den 1³/₁₀ Procent mit über 1000 Thlr.) auf eine Familie von 5 Köpfen. Ihr Widerspruch gegen die Behauptung meines „Antwortschreibens", daß „89—96 Proc. der Bevölkerung in gedrückter dürftiger Lage", würde sich also nach Ihnen auf die Behauptung reduciren, daß 1³/₁₀ -|- 8 Proc. = 9³/₁₀ Proc. der Gesammtbevölkerung über 400 Thlr. Einkommen auf eine Familie von 5 Köpfen haben und also, Sie Wabenkneifer!, nur 90⁷/₁₀ Proc. — statt meiner 89—96 Proc. in gedrückter, dürftiger Lage sind!

Aber erinnern Sie sich doch, Herr Wackernagel! Selbst dieses erstaunlich glänzende Resultat erlangen Sie ja nur dadurch, daß Sie, wie vorhin nachgewiesen, Dieterici's Worte fälschen, und darauf hin ohne Weiteres nach der Devise „Geschwindigkeit ist keine Hexerei" auch die siebente Steuerstufe mit 73,393 Personen zu den Einkommen über 400 Thlr. heranziehen! Wenn man dieser Geschwindigkeit mit der Sie die Worte Dieterici's verdrehen, Einhalt thut und Ihnen folglich die 73,393 Personen der siebenten Stufe streicht, so würde sich die Rechnung folgendermaßen stellen:

91,530 Personen der dritten Hauptklasse der Klassensteuer, mit einem Einkommen von 1000—500 Thlr.,

32,721 Personen der achten Stufe, Einkommen von 500— 400 Thlr.,

124,251 Personen mit über 400 Thlr. Einkommen, multiplicirt mit der Familienzahl 5 = 621,255 Seelen, die in den klassen= steuerpflichtigen Ortschaften ein Einkommen von 1000—400 Thlrn. abwärts auf die Familie von 5 Köpfen haben. Von der klassensteuer= pflichtigen Bevölkerung von 14,931,551 Seelen sind dieß 4²/₁₀ Proc. Nehmen wir also jene Annahme, welche das preußische Finanzmini= sterium nur für Einkommen= und Klassensteuer im Durchschnitt macht, sogar in Bezug auf die Klassensteuerstufen allein an und unterstellen also, daß bei der mahl= und schlachtsteuerpflichtigen Bevölkerung ein breimal so großer Procentsatz derselben, als bei der klassensteuerpflichtigen, jene Einkommensbeträge genießt, so gäbe das 12⁶/₁₀ Proc. von 1,938,235 Seelen, oder 243,639 Seelen, welche ein Einkommen von 400 Thlrn. und darüber (bis 1000 Thlr.) auf die Familie von 5 Köpfen!

Diese   243,639 Seelen

abbirt zu jenen   621,255 Seelen

der klassensteuerpflichtigen Bevölkerung, geben 864,894 Seelen oder 5¹/₈ Procent der Gesammtbevölkerung des ganzen Staates (16,869.786 Seelen), welche ein Einkommen von 400 Thlr. und darüber auf die Familie von 5 Personen haben. Zu diesen 5¹/₈ Procent hinzuabbirt die 1³/₁₀ Procent mit einem solchen Ein= kommen von über 1000 Thlr., erlangen wir im ganzen Staate noch nicht 6¹/₂ Procent mit einem Einkommen von 400 Thlrn. und darüber.

Wenn ich also in Frankfurt berechnete, daß über 95 Procent der Bevölkerung unter 500 Thlr. Einkommen auf 5 Köpfe haben, so gelangen wir jetzt durch Sie zu dem Resultat, daß 93¹/₂ Procent sogar unter 400 Thlr. haben! Oder, wenn ich in meinem „Ant= wortschreiben" sagte, „89—96 Procent der Bevölkerung in gedrückter, dürftiger Lage", so gestaltet sich das jetzt, je nachdem man nur die eine Ihrer Fälschungen oder beide beseitigt, das Resultat genau da=

hin: $90\frac{7}{10}$—$93\frac{1}{2}$ Procent der Bevölkerung in gedrückter, dürftiger Lage mit einem Einkommen von unter 400 Thlrn. auf 5 Köpfe. *) Ja sogar mit allen Fälschungen und troh Ihrer Verachtsachung waren Sie nur dahin gelangt, 12 Procent der Bevölkerung mit 400—1000 Thlr. $+$ $1\frac{3}{10}$ Procent mit über 1000 Thlr., zusammen $13\frac{3}{10}$ Procent mit 400 Thlr. und darüber herausbringen zu können. Es bleiben also sogar nach Ihnen selbst und wenn man alle Ihre Fälschungen geduldig hinnimmt, immer noch $86\frac{7}{10}$ Procent der Bevölkerung mit einem Einkommen von unter 400 Thlrn. übrig!

Ich glaube nicht, Sie Wadenkneifer, daß Ihre Brodherren es Ihnen danken werden, durch allen Widerspruch und alles Fälschen nur contradictorisch herausgestellt zu haben, wie unwiderleglich und wie unangreiflich die Angaben meines „Antwortschreibens" sind.

Vierter Punkt. Sie sagen: „Wer freilich, wie Lassabe dieß in seinem neuesten Opus thut, „„wirkliche"" Wohlhabenheit erst von 2000 Thlrn. Einkommen an rechnet und den Consum von Austern und Champagner als Maßstab dafür betrachtet, mit dem ist weiter nicht zu rechten."

Hier erreichen Ihre Fälschungen einen solchen Grad von Gemeinheit, daß meine Geduld mit Ihnen zu Ende geht, Herr Wackernagel! In meinem neuesten Opus „die indirecte Steuer und die Lage des Arbeiterstandes", welches Sie hier verunstalten, weise ich, der Behauptung des Staatsanwaltes gegenüber, daß ein großer Betrag der indirecten Steuern durch die auf Luxusgegenständen liegenden Steuern von den Reichen aufgebracht werde, nach, wie erstaunlich gering dieser Betrag ist. Zu diesem Zwecke betrachte ich, was die auf den verschiedenen Luxusgegenständen liegenden indirecten Steuern — Seide, Tabak, Wein, Chocolade ꝛc. ꝛc. ꝛc. erbringen. In der Reihe dieser Artikel führe ich auch die Zolleinkünfte von Austern und Champagner an und zeige, wie wenig die gesammte Reihe der auf Luxusgegenständen liegenden indirecten Steuern dem Staat abwirft. In einem andern Zusammenhange spreche ich von „Austern und Champagner" gar nicht, und das wagen Sie, unerhörter Lügner, dahin zu verdrehen, daß ich „Austern und Champagner als Maßstab für die Wohlhabenheit betrachte"?! Wo nehmen Sie den Muth zu solchen

---

*) Bei der Durchsicht dieses Aufsatzes entdecke ich soeben noch, Herr Wackernagel, daß Sie auch die Zahlen falsch citirt haben! Sie citiren aus der Tafel bei Dieterici Bd. VII, p. 206 die Bevölkerung der mahl- und schlachtsteuerpflichtigen Ortschaften auf 1,938,235 Seelen. Sie ist aber daselbst nur mit 1,825.395 Seelen angegeben. Sie profitiren also wieder 114,000 mahl- und schlachtsteuerpflichtige Seelen, was zumal bei Ihrer Verachtsachung — und auch schon bei der Verdreifachung der Quote — ins Gewicht fällt. Ich habe oben die von Ihnen citirten Zahlen mei-

Lügen her? Fürchteten Sie gar nicht, von mir gebrandmarkt zu
werden? Rechneten Sie gar so sehr auf die schützende Macht der
liberalen Presse? Sie irren sich sehr, wenn Sie glauben, daß dieß
die einzige Macht ist und daß Sie im Schatten derselben alle beliebigen Infamien ungestraft verüben können! Eben so wenig habe
ich die Wohlhabenheit von „2000 Thlrn. Einkommen an berech=
net", sondern in einem ganz andern Sinne und Zusammenhange —
nämlich wiederum im Verlauf dieser Untersuchung, ob wirklich ein
erheblicher Betrag der indirecten Steuern durch die Luxusgegenstände
von den wohlhabenden Klassen aufgebracht werde, in einem Zusam=
menhange also, welcher dem elastischen Wort „Wohlhabenheit" einen
ganz andern Sinn gibt, mache ich vorübergehend die Bemerkung, daß
in diesem Sinne unbestreitbar Wohlhabenheit bei 2000 Thlr. auf
fünf Köpfe vorhanden sei. Und selbst da „rechne" ich nicht die
Wohlhabenheit von 2000 Thlrn. ab, wie Sie sagen, sondern ich
„rechne" sie — trotz jener nebenherlaufenden Bemerkung — auch
in jenem neuesten Opus (p. 63) bis zu einem Einkommen von
650 Thlr. auf 5 Köpfe herab, wie ich sie in meiner Frankfurter
Rede bis zu einem Einkommen von 500 Thlr. berechne.

Ich habe es Ihnen gesagt, Herr Wackernagel, Fälschung auf
Fälschung, Lüge auf Lüge aufdeckend, habe ich die Geduld verloren,
und wenn Sie mich zu der lästigen Arbeit gezwungen haben,
Sie zu stäupen, so soll es wenigstens mit eisernem Besen geschehen!

Zudem — weßhalb sollte ich Geduld oder Mäßigung mit Ihnen
beobachten? Ein Schriftsteller sind Sie nicht, sondern der obscure
Scribent eines obscuren Winkelblattes, einer jener Leute, die ich in
meinem „Julian" geschildert, „— — eine Bande unwissender und
gedankenloser Buben, zu jeder bürgerlichen Handthierung zu schlecht,
zu ignorant zum Elementarschullehrer, zu unfähig und arbeitsscheu
zum Postsekretär, und eben beßhalb sich berufen glaubend, Literatur
und Volksbildung zu treiben."

Aber Sie haben sich geschworen, bei dieser Gelegenheit bekannt
zu werden, ein moderner Herostratus, dem es gleichgilt, wodurch
er es wird! Und Sie wissen recht gut, daß, wenn erst ein Mann
wie ich in solchen Koth eingetreten ist, er ihn durch keine Kratzbürste
der Welt wieder von seinem Stiefel fortbringen kann. Nun wohl,
Sie haben mich gezwungen, in Sie einzutreten; doch soll es wenig=
stens nicht Ihr Vortheil gewesen sein!

Weßhalb, ich frage nochmals, sollte ich also irgend welche Ge=
duld oder Mäßigung gegen Sie beobachten? Ich habe gelernt, Ver=
kehrtheit, Bornirtheit und einen hohen Grad von üblem Willen ziem=

ner Rechnung zu Grunde gelegt und will mir nicht erst die Mühe geben,
diese noch einmal umzurechnen, sonst würde also die Differenz noch geringer.

lich geduldig zu ertragen! Man wird das heutzutage wohl ge=
wohnt!

Aber wer so beharrlich Fälschung auf Fälschung und Lüge auf
Lüge häuft, gedeckt, wie er glaubt, durch die Trockenheit der Zahlen=
materie, die Unaufmerksamkeit der Leser bei solchen Gegenständen
und die Gunst der liberalen Presse — wer dieß so weit treibt, daß
er da, wo er fälscht, mit einer Schamlosigkeit ohne Gleichen dem
Gegner Fälschung und Jongleurstückchen zur Last legt, und — ein
Ding, wobei er sich nicht irren kann, — ihm in der unwürdigsten,
unglaublichsten Weise die Worte im Munde verdreht — wer endlich
dieß Alles thut in einer so hohen und heiligen Sache, wie die Ar=
beiterfrage, in welcher Jeder, welche Ansichten immer er habe,
wenn irgend ein Funken von Sittlichkeit in ihm ist, sich in
Bezug auf alles Thatsächliche der religiösesten Wahrheitsliebe befleißi=
gen müßte — der ist einfach ein Elender, Herr Wackernagel! Es
gibt moralische Fälschungen, die schlimmer sind als Wechselfälschung!

Mit dieser Erklärung nehme ich von Ihnen Abschied! Ich habe
nach derselben Ihnen begreiflicherweise nichts mehr zu sagen. Und
fälschten Sie bis an's Ende der Tage — ich werde Ihnen nie mehr
eine Silbe antworten! —

Herr Wackernagel wohnt in Elberfeld. Rheinische Arbeiter! Ich
übergebe diesen Mann Eurer gerechten Verachtung!

Berlin, 11. Juni 1863.

F. Lassalle.

www.ingramcontent.com/pod-product-compliance
Lightning Source LLC
Chambersburg PA
CBHW032240080426
42735CB00008B/935